大展好書　好書大展
品嘗好書　冠群可期

大展好書　好書大展

品嘗好書　冠群可期

實用武術技擊⑤

韓建中 著

實用擒拿法

大展出版社有限公司

代序

　　韓建中先生是著名的梅花樁傳人，因其涉足武術領域之廣，而成爲武術領域享有盛譽的學者、教授。

　　韓先生於我並不陌生。在我所讀過的名人傳記中，他的《武術到底比什麼賽什麼》是最令人鼓舞的：不盛氣凌人，寫得親切，使人感到武術文明的精髓除搏擊外還有仁德和寬厚。我深有同感，也因此有感於韓先生的平易近人。

　　在北京西單鎖鏈胡同的老址，有一則流傳甚廣的趣聞：一日，因地下排污管道嚴重銹蝕，惡臭污水橫溢，正當人們無可奈何之際，正好韓先生路過，那些焦急中的人們竟央求這位「老師傅」幫幫忙。韓先生二話沒說挽起袖子鑽進下水道，盡職盡責地充當了維修老師傅。當時，韓建中先生是受人景仰的警官大學警體教研室主任、副教授。

　　自打聽了這椿事後，每當我看到年近六旬的韓先生，心裡便聚起一股真切的情感。遠遠望去，這只是一位普普通通、平平常常的普通人，在他面前，你盡可以不加掩飾，不用拘束不安。但你也會覺得任何的矯情和虛偽都是對他的不恭和褻瀆，一切都應該而且可以還原於你的本真和率性……

有這樣的感覺作鋪墊,我便欣然動筆爲他的這本《實用擒拿法》作序,何況這是令我十分愉快的事情,一次難得的學習機會。

韓先生1941年12月出生於北京,曾就讀於師大附小、清華附中等有名學校,畢業於北京師範大學。從3歲起便隨父親練拳,算來已有半個世紀之久了。

韓先生的頭銜很多,僅就武術來說,他精通梅花拳、形意拳、戳腳拳,是少林拳法研究會首席顧問;曾任第十一屆亞運會開幕式中刀術表演的總教練,河北國際武術交流會第一、二屆開幕式總編導和總教練。

在學術研究方面,他是中國武術界德高望重的權威發言人,在繁雜的研究和教學之餘仍不捨棄他所熱衷的業餘寫作,論文佳作屢屢見諸報刊,他的《行武要靠眞本事吃飯》發表後,引得許多老拳家爲他擧杯:多少年沒有見著這麼硬氣的文章評論武術界的不正之風。

韓先生寫作從來舒卷自如、樸實無華,長達數千字,短亦幾百字,得心應手。他認爲寫作是最好的工具,但他在使用這一工具時卻十分謹愼,沒有靈感時決不勉強動筆,作無病呻吟。他說:「我的書和文章不是擠出來的,而是流出來的。」似這般流出來的東西,看來質樸無華,沒有雕刻和修飾,實際上眞功夫眞本事的練就完全貫穿於去雕飾的境地之中。

對韓先生在武術界及武學界取得的成就,非我輩可以妄加揣度和品評,我只是忍不住想道出自己的感受。對於韓先生的作品,文者讀來也想亮掌出拳擒住思緒;武者誦時更覺煥發光彩,大增視野而以小見大。一拳一腳,一招一勢,兼

師東西，獨闢蹊徑。這樣的魅力源於四個字：眞功、眞意。借用原亞洲武術聯合會主席徐才先生的話說：「梅拳傳萬裡，眞技傾千城。」在這樣的心境下，你有如領略陽光雨露，蕩起生命的激情和渴望。

這樣的魅力也源於韓先生深厚的文化功底和廣博的社會知識素養，正所謂厚積薄發。「要像練拳那樣隨心所欲地來寫文章。」這是韓先生的寫作心得。

在眾多的武術名流中，韓先生是非常獨特的，他曾稱自己是「雜家」。他琴棋書畫樣樣精通：一首鋼琴曲《少女的祈禱》，把人引入崇高的境界；一幅墨寶《上山虎》，雄風凜凜，正氣長貫；編寫教材時，抓空下盤棋，「這腦筋就好像鈍刀被重磨了一樣，頓時鋒利敏銳」。

在生活中，韓先生的朋友很多，「平常人，平常心，平常事」這類的話我曾聽他說過不止十遍，這實在也是一種大境界，是他爲人做事踏踏實實的一面。周圍的人喜歡他，願意同他交往，我不過是他的一位普通得不能再普通的朋友，竟囑我爲他又一著作寫序，頓有茫然之感。既然動筆，總希望讀者能由我的簡介了解韓先生。如若弄巧成拙，但願讀者不致受我介紹的羈絆，親自領略一下韓先生本色天然、淳樸恬淡的文字風格。

我對武術是門外漢，對武學也是一知半解，以上所言因與名人有關，不禁說出，就算做序。

李　平

目錄

一 擒拿術

　　擒拿技術是根據人體關節活動的規律及擊打招拿要害部位的生理特點，以反挫關節為主要手段，剛柔相濟、以巧取勝的一種技擊實用技術，具有豐富的內容和深奧的哲理，是勞動人民在長期的社會實踐中與自然搏鬥時，總結出來的戰鬥之法、搏擊之法。

　　擒拿技術的每一種技法，都有其根據，都要隨對方技法的變化而變化。因為在實戰過程中雙方的身體條件、位置、環境、技術、能力、力量和情緒等諸多情況各有不同，而且在搏擊中的雙方是處在不斷運動變化之中，因此，每一次擒拿技術的實施都必須創造或具備一定的條件，都必須符合事物的發展規律，審時度勢。在實施擒拿的過程中，不但要講究力的變化，而且要講究技法的轉換，就像武術搏擊中所講的那樣：「借力使力順他力，不可爭力逆進行。」擒拿要與踢、打、摔有機地結合起來，遠踢、近打、靠身摔拿，才能在搏擊中充分發揮它的作用。

　　擒拿技術千變萬化，手法招數不可盡數，名稱道理繁複無窮，但是只要我們掌握了各部分擒拿術的基本形態和基本規律，掌握了典型技法及其勁力的轉換，知其術，明其理，

就可以舉一反三，根據實戰中的不同情況和不同事態來選用不同的手法技法，並組合出各種各樣的擒拿招術。

擒拿技法，要根據不同的場合和對手、不同的形勢和環境，因時、因地、因人、因物採用相應的技術和戰術。擒拿決不可濫用，尤其對擒拿手法的輕重更要把握好尺度，以防止由於技法使用不當或力量分布不當造成嚴重後果或無法彌補的被動局面。

擒拿技術內容廣泛，理論深奧，整體技術較為複雜，要求較高，所以要想全面掌握並達到一定水準，能在與犯罪分子實際搏擊中運用自如，絕不是一朝一夕就可以一通百通的，它需要長期不間斷地刻苦練習，需要在實踐中反覆地體驗和強化，才能真正掌握。

（一）擒拿的原則與要求

1. 出手引手，見手使手

在與對手擒拿搏鬥中，要控制好距離，選擇最佳的攻擊時機與路徑，這樣既能減弱對方的攻擊力量，又能搶佔攻擊對方的有利位置和角度。但是，切記一條「出手引手，見手使手」。出手是為了引逗或是實攻，虛虛實實，變化多端，猶如與對方擺迷魂陣，使其摸不清真實意圖，但是當伸出去的手能夠搆上對方與對方的手或是身體的任何一個部位接觸時，就決不能猶豫了。

要接連進招攻擊對方，此時決不能再將已經伸出去搆得上對方的手撤回來重新進招。梅花椿拳派中將這種錯誤手法稱之為「另起爐灶」。這種錯誤不但會貽誤戰機，還會使對

方有機可乘。所以「出手引敵手，見手必使手」是擒拿搏擊中一條重要原則。

2. 借勁使勁，順勢發力

「借力使力順他力，不可掙力逆進行」是擒拿搏擊中另一條重要原則。在使用擒拿技法的過程中，技法與用力要隨勢而布，隨勢而發。要借對方的力量，順其勢，用其力，千萬不要與對方的力僵在一起，擰在一起。如對方用力前推，我們也同樣用力向前推，兩人用的力互相頂在一起，不但會影響技法的發揮，還會因此貽誤戰機。

如果對方用力前推，我們順其前推之力，化開它，並借其力實施擒拿技法，定會收到事半功倍的效果。

3. 上下相隨，協調擊打

當我們與對方搏擊時，一定要做到上下相隨、協調擊打。俗語說：「上步需要先上身，腳手齊到才為真。」一動則全身俱動，用的是整力、身力。如果我們的動作腳手不協調，腳到手不到，手到身不到，那麼，擊打就打不出整力、身力，用這種局部的力量實施擒拿是難以奏效的。

4. 出其不意，攻其不備

人們常常講：「拳打人不知。」在對方精神上毫無準備的情況下，用對方想像不到的招法和時機進攻對方，必會收到好的擒拿效果。所以我們在搏擊擒拿時要隱蔽企圖，突然攻擊，連續不斷地向對方發起攻擊，使對方只有招架之功，絕無還手之力。防守時又要求我們招招破敵，黏連不離，有

章有法，得心應手，這樣才能穩操勝券。

5.虛實分明，沉著善斷

虛就是空或無，實便是有。在與對方格鬥時，首先要注意觀察判明虛實。兵書中講：「誘敵以利己。」擒拿之中不厭其詐，分清虛實是非常重要的。面對對方的凶猛攻擊，不慌不忙，鎮定自如。沉著就是穩，善斷則是果敢快速地作出決定。擒拿中對勢態的發展、實力的對比、自己所處的位置能夠迅速作出準確判斷，從而調整自己身體的姿勢及其招式技法，攻擊的時機等等，必然能獲得預期效果。

（二）擒拿的技法

1.扛拿

【動作】對方用右拳（或右掌）向我頭面部擊來時，我迅速用右手上架，回手順勢抓握住對方腕關節或右前臂，上左步右轉身，用左肩緊緊頂住對方右腋窩處，左手由下向上同時抓住對方右腕部，兩手同時向右旋擰，使對方拳心（或掌心）向上。兩手向右旋擰的同時，以左肩為支點向上頂對方右腋窩處，兩手用力下壓對方右臂，使對方右臂疼痛難忍或折斷，被我拿住。目視對方，注意觀察對方動作變化。（圖 1-1、2）

【要領】左肩頂對方右腋窩處時要頂緊靠實，不能留有空隙，動作要迅猛。右手抓住對方右手腕或前臂，動作要突然、準確、有力，而且要抓住不放，不要中途換手或改變位置，影響擒拿效果。左肩上頂與兩手抓握對方右腕或右前臂

圖 1–1

圖 1–2

用力下壓的動作雖然是兩個動作，但要同時進行。

2.抓胸折腕拿

【動作】當對方用右手抓住我胸部時，我迅速用右手按壓住對方右手腕掌背部一側，使其難以抽回，同時身體微向右轉，用左手由下向上摳住對方掌心小拇指一側。此時兩手同時向外旋擰撅壓對方的腕關節，將其擒拿住。目視對方，觀察其動作變化。（圖1-3、4、5）

【要領】身體微向右轉與兩手合力向外旋擰撅壓對方腕關節的動作要同時進行，動作要迅猛、準確，用力要整，要用全身之力。

圖 1-3

圖 1-4

圖 1-5

3.舉臂壓肩拿

【動作】對方用右拳（或右掌）向我頭面部擊來時，我迅速向左閃身，左手用力抓住對方的右腕部或右前臂，向下向前再向上舉，同時右手用力向下按壓其右肩部，對方由於右臂疼痛或失去平衡被我拿住。目視對方，觀察其動作變化。（圖1-6、7）

【要領】左手抓握對方右腕部或右前臂的動作要準確及時而且有力，向下向前再向上舉對方右臂的動作與右手用力向下按壓其右肩部的動作要同時進行，協調一致，中途不能鬆手或鬆力，否則影響擒拿的效果。

圖 1-6

圖 1-7

4. 折腕拿

【動作】當對方用右拳（或右掌）擊打我面部或欲抓我胸部時，我左手順其拳（掌）的方向托、抓住對方的肘部，右手由下向上抓住對方的拳背（或掌背），以左手為支點，右手向對方的方向彎推下壓其右腕，並使其小於 90°，對方由於疼痛難忍，被我拿住。目視對方，觀察其動作變化。（圖 1-8、9、10）

【要領】左手的推肘上頂和右手的彎推下壓要同時用力，動作要迅猛、準確、及時。當對方用右拳（或右掌）擊打我面部，我用左手順其拳的方向托住他的右肘部時，動作要借其力、順其勢，將其右臂牢牢控制住，這樣才能為下一步拿法打好基礎。

圖 1-8

圖 1-9

圖 1–10

5. 抱腰錯頸拿

【動作】當對方從正面抱住我腰部時，我右手迅速由對方背後抓住其頭髮並用力下拉，左手由對方前面向右側推錯其下頜，用右手拉與左手推的一拉一推的錯頸動作將對方拿住。目視對方，觀察其動作變化。（圖 1–11、12）

【要領】注意利用時機，動作要突然、迅猛、隱蔽，右手向後拉發與左手推下頜的動作要協調一致，動作要同時進行，這樣才能收到好的擒拿效果。

圖 1-11

圖 1-12

6. 卷腕鎖喉拿

【動作】當與對方正面接近，行至平行時，突然用左手向前托抓其右手手腕，並用力向上摟卷；同時上左步右轉身，用右手由下向上摟打其肘窩處，左手用力前推，迫使其右臂卷別於背後，隨即用右手由對方右側以掌背部回摟，以肘關節為支點上翹，鎖其喉，將其拿住。目視對方，觀察其動作變化。（圖 1-13、14）

【要領】身體要緊緊貼住對方，左手用力前推，迫使對方右臂卷別於背後時左手要抓牢抓緊，中途千萬不要鬆手。右手由對方右側回摟的動作要和左手卷腕的動作配合好，兩手動作要協調，用力要一致，全套動作要乾淨俐落、準確、有力。

圖 1-13　　　　　　　　　　圖 1-14

7.外掰拿

【動作】當對方用右拳（或右掌）向我頭面部或前胸部
擊來或欲抓我頭髮或前胸時，我迅速向左側閃身，左手用力
抓住對方右手腕部；同時右手由下向上抓對方右手腕的小指
外側，上右步左轉身，兩手合力翻擰對方右前臂，使對方指
尖向下，對方由於右臂疼痛難忍而被我拿住。目視對方，觀
察其動作變化。（圖1-15、16）

【要領】左手抓住對方右手腕部與右手由下向上抓握對
方右手腕的小指外側，兩手的動作雖稍有前後之分，但動作
要非常連貫、準確而有力。上右步左翻身與兩手合力翻擰對
方右前臂的動作要協調一致，要做到力隨對方的動作和隨對
方力的變化而變化，要緊緊控制住對方的右臂，使其難以更
拳換勢。

一 擒拿術

圖 1-15

圖 1-16

8. 抓髮頭拿

【動作】當對方用右手抓住我頭髮時，我用右手按壓住對方掌背一側，同時左手虎口緊緊卡住對方右手腕，使其右手緊緊固定在我頭上部。

此時頭用力向前下方頂壓，向前彎腰並小於 90°，同時兩手合力下按，使對方右手腕疼痛難忍被我拿住。目視對方，觀察其動作變化。（圖 1-17、18）

【要領】動作要突然而迅猛，用右手按壓住對方掌背一側與左手虎口卡住對方右手腕關節的動作，要有力，使對方右手難以抽回，頭前頂與手下壓的動作要及時、迅速。要特別注意雙手下按與頭向前下方頂壓的動作協調一致，要配合好，用力要整，使對方措手不及，難以更拳換勢。

圖 1-17

圖 1-18

9. 夾頸跪膝拿

【動作】當對方從左側用右臂夾鎖住我頸部，右腿在我體前時，我迅速俯身以右手摟住對方右側踝，同時左腿後撤，緊緊吃住對方右腿，用左小腿橫向跪壓對方右膝窩處；上體右轉的同時，左手從後向前下方猛推對方的右肩部，上下配合將對方摔倒拿住。（圖 1-19、20、21）

【要領】左小腿橫向跪壓對方右膝窩的動作與上體右轉左手從後向前下方猛推對方右肩的動作要連貫，掌握好時機，全套動作要乾淨俐落。

圖 1-19　　　　　　　　　　　圖 1-20

圖 1-21

10. 盤肘拿

【動作】當對方用左手抓住我右手腕時，我迅速以左手掌心按抓住對方手掌的背部，同時右腕上頂，使對方左手不能回抽逃脫或改變位置；接著向左轉身上右步，右肘上提後向下用力盤壓對方的左臂，使其臂部疼痛難忍失去抵抗能力。目視對方，觀察其動作變化。（圖1-22、23、24）

【要領】左手按抓對方左手手腕要緊，不要使其逃脫或改變位置，左轉身上右步與右肘上提向下盤壓幾乎是同時進行的，動作不要脫節；右肘下壓不能只用臂力，要全身協調用力，動作要迅猛；左轉身上右步的動作要隱蔽突然，使對方猝不及防。

圖1-22

圖 1-23

圖 1-24

11. 大托槍拿

【動作】當對方右手抓住我右手腕時，右手迅速由上向下再向上轉動腕關節，順勢將對方腕關節抓牢，並上左步，用左手向上托住對方的右肘。

右手抓住對方小指外側，用力反折其手腕，使其右手指尖向下，手腕向後小於 90°。左手用力上托，兩手同時用力使其右臂疼痛難忍被我拿住。目視對方，觀察其動作變化。（圖1-25、26）

【要領】兩手要配合協調，左手上托對方右肘部和右手反折對方手腕的動作用力要一致。左手要托準，並用力卡住，使之不能彎曲和擺動。

圖1-25

圖 1-26

12.擊肘撕翅拿

【動作】當對方由後將我抱住時，我兩手用力抓住對方左右手指撕掰，一旦得以解脫，迅速抓住時機向左後轉身，同時屈左肘以肘橫擊對方肋部；右手抓緊對方右手不放，迅速上舉，翻擰其右臂，順勢抓住其右手手腕向上撅；左手回收順對方右臂由上向下滑至其右肩關節處，用力向下壓按，將其拿住。目視對方，觀察其動作變化。（圖 1-27、28、29、30）

【要領】兩手用力撕掰與突然轉身肘擊的動作要掌握好時機，轉身後右手上舉對方右臂、抓其腕關節上撅與左手由上向下壓按對方肩關節的動作要協調一致，動作要連貫迅猛，否則會使對方逃脫。

圖 1-27

圖 1-28

圖 1-29

圖 1–30

13. 單手對掌腕拿

【動作】當我右手抓住對方右手掌時，我右手掌心緊緊貼住對方右手手掌心，拇指一側用力前推，小指一側後壓；同時，用力下折對方右手腕部，使其右掌背和右前臂的夾角小於 90°，致使對方右手腕部疼痛難忍，被我拿住。目視對方，觀察其動作變化。（圖 1–31、32）

【要領】動作要突然迅猛，不要使對方有所察覺；右拇指的前推和右小指的後壓及下折動作要同時進行，用力要一致，而且力不能散。

圖 1-31

圖 1-32

14.由後抓髮反拿

【動作】當對方由背後用右手抓住我頭髮時，我迅速上抬右臂，用右手壓住對方右手的掌背部使其不能抽出；同時左後轉身，左臂迅速由下向上旋轉用力下壓對方的右臂，對方右臂疼痛難忍，被我拿住。目視對方，觀察其動作變化。（圖1-33、34、35）

【要領】動作要突然迅猛，左後轉身與左臂上抬下壓的動作要快，兩個動作要同時進行，不可脫節，不然會給對方可乘之機。

圖1-33

圖 1-34

圖 1-35

15. 壓肘拿

【動作】當我用右拳（或掌）猛擊對方頭面部時，如果對方突然用右手托住我右臂肘部，我可迅速向後撤右步，將右臂回屈，並同時用左手按抓住對方右手手腕，使其不能抽回，然後左腳迅速向前邁出半步，右臂猛向前伸並用力下壓，使對方右腕關節與右手掌背的角度小於 90°，對方因疼痛而跪倒在地，失去抵抗能力。目視對方，觀察其動作變化。（圖 1-36、37、38）

【要領】後撤右步、右臂回屈與左手按抓對方右手手掌背的動作要乾淨俐落，同時進行；左手抓按要突然有力，使對方右手難以抽回或改變位置；左腳前邁時，右臂前伸下壓，兩個動作要協調，下壓時不僅僅是用臂力，要用全身之力。

圖 1-36

圖 1-37

圖 1-38

16. 單手裡拿

【動作】當我右手正握住對方右手時，我右手手掌緊貼對方右手手掌，拇指一側前推，小指一側後拉，同時向右下側**翻轉**其右腕，使其右手背與右前臂之間的夾角小於90°，並將其右手指向右斜下方用力旋擰。對方右手腕部疼痛難忍，被我制服拿住。目視對方，觀察其動作變化。（圖1-39、40）

【要領】動作要突然，拇指一側的前推和小指一側的後拉，以及**翻轉**對方右腕的用力要一致，要同時進行，以免影響擒拿效果。當我右手握住對方右手時，我掌心應貼緊對方掌心，貼實貼牢。用力時應借助於臂力和身力，不要只用腕力，只有第一把抓就將對方右手腕抓緊抓牢，才能為下一步拿打好基礎。

圖 1-39

圖 1-40

17. 扳頸推拿

【動作】當對方用右拳（或右掌）向我胸面部擊來時，我迅速用右臂從外側向上向外推架；同時上左步，緊緊貼住對方右腿，以左腳別住對方的右腳，左手順勢按抓住對方的前額部位，右手將對方右臂架出後順勢抓住其下頜部，兩手同時用力將其頭部向左後方扳轉，使其頸部疼痛失去重心，失去抵抗能力，被我拿住或摔倒。目視對方，觀察其動作變化。（圖1-41、42、43）

【要領】上左步時一定要緊緊貼住對方的右大腿，使其身體不能左右轉動。兩手將對方頭部向左後方扳轉時，動作要突然、迅猛，用力要協調。全套動作要乾淨俐落，不要拖泥帶水。

圖 1-41

圖 1-42

圖 1-43

18. 金絲拿

【動作】當對方用右手抓住我右手手腕時，我先用左手掌心按抓住對方的右手背，使之不能抽回，然後右前臂向上鑽，右肘微向下，身體右轉至與對方右臂成平行狀，再用右手向下邊纏邊壓對方的右手腕，使其因手臂疼痛而跪地。目視對方，觀察其動作變化。（圖1-44、45）

【要領】左手要抓緊，使對方難以逃脫。右手纏壓用力的方向要正確，要隨對方用力方向變化而變化，也就是做到「借勁使勁順他勁，不可爭力逆進行」。

圖1-44

圖 1-45

19. 側抹眉拿

【動作】當對方用右拳（或右掌）向我頭面部（或前胸部）擊來時，我迅速上右步，用右手上架並反手攜住其右手臂，同時緊貼其右側上左步，左手順其右臂由其嘴外向上再向後、向下按壓其眉和前額部，由於其頭部被按壓失控而被我拿住。目視對方，觀察其動作變化。（圖 1-46、47、48）

【要領】左腿要緊緊貼住、吃住對方，上步要猛要快，步到手到。左手按壓的動作要快，按壓部位要準，中途不要鬆手、不要移動位置，不給對方喘息的機會。應用整力。

圖 1-46

圖 1-47

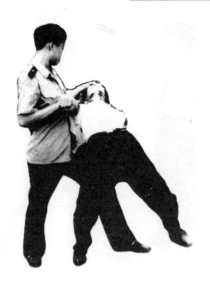

圖1-48

20. 雙臂挫拿

【動作】當對方用右拳（或右掌）擊打我頭面部時，我向後閃身，同時以左前臂向外磕對方右前臂，與對方右前臂搭成十字，並迅速上左步，右轉身，左前臂繼續向外推按對方的右上臂，同時右前臂貼緊對方右臂內側折臂回拉，一推一拉，將對方右臂拿住，使其疼痛難忍，喪失戰鬥力。目視對方，觀察其動作變化。（圖1-49、50、51）

【要領】左臂外磕對方的右前臂與上左步右轉身的動作要同時進行，並緊緊貼住對方的右臂，我右臂的回拉和左臂的前推要像一把剪刀一樣，推拉的力量要均等，動作要同時、要協調，不可拖泥帶水。

圖 1-49

圖 1-50

21. 雙手對掌腕拿

【動作】當我右手握住對方右手腕時，掌心要與對方的掌心貼緊，同時左手迅速抓住對方右手腕，右拇指一側前推，小指一側後拉，左手協助右手用力下壓，下折對方手腕，使其手背與前臂之間夾角小於 90°，手腕疼痛難耐而被我拿住。目視對方，觀察其動作變化。（圖 1–52、53、54）

【要領】動作要迅速、突然、隱蔽，兩手用力要協調一致，前推、後拉、下壓、下折動作要一致，特別注意雙手同時用力的方向要一致，不要因用力不當而造成卸力。

圖 1-52

圖 1-53

圖 1-54

22. 托肘推拿

【動作】當對方用左手掐我咽喉欲拿住我時,我迅速後仰,右手托抓住對方的左肘,用力向其嘴的右側後下方猛推,同時左手緊緊摟住和摳住對方右側腰部用力向後拉,右手用力向前推,一拉一推,使對方失去平衡,被我拿住或摔倒。目視對方,觀察其動作變化。(圖 1-55、56)

【要領】右手托抓對方左肘的位置要準確,動作要突然、迅猛,要控制對方左臂,使之不能抽回、逃脫和更換位置。左手用力後拉與右手用力前推的動作要同時進行,不能脫節,不給對方以更拳換勢的機會。

圖 1–55

圖 1–56

23. 屈臂頂拿

【動作】對方用右拳（或右掌）向我反拳劈來時，我向左閃身上左步，同時用左手迅速托住其右肘，右手抓住其右手背，放置前胸並緊緊抵住，使其右肘不能前後移動，右手迅速折壓對方右手腕，使其疼痛難忍，被我拿住。目視對方，觀察其動作變化。（圖1-57、58）

【要領】將對方右手抵在我胸前時，要迅速折壓其腕，一定不要停留，不然會使對方有機可乘。向左閃身、上左步和左手托對方右肘幾乎是同時進行的，動作要連貫、協調，勁力要一致。托住對方右肘的動作非常重要，是為下一步的拿打好基礎，所以一定要做得準確、有力、迅猛，並牢牢地控制住對方的右臂，使其難以逃脫和改變位置。

圖 1-57

圖 1-58

24. 折腕壓肘拿

【動作】與對方正面接近，當行至平行位置時，右手從對方側面抓住其右腕部，並迅速向上方帶拉，同時上左步向右轉身，借轉身之力抓其右腕向上猛撅，並沿順時針方向旋擰，左手順勢摟壓其肘，撤右步，繼續使其身體向右擰轉前俯，將其擒住。目視對方，觀察其動作變化。（圖1-59、60）

【要領】反手抓住對方腕關節時動作要利索、迅猛、準確，右手旋擰與左手摟壓的動作要同時進行，要協調、連貫。

圖 1-59　　　　　　　圖 1-60

25. 單手擰拿

【動作】當對方用右拳（或右掌）向我頭、面或胸部擊
來時，我迅速用右前臂向上斜架，然後迅速向回扣並抓住其
右手腕部向左側旋擰、上挑，使其右臂不能彎曲，疼痛難忍
被我拿住。

目視對方，觀察其動作變化。（圖 1-61、62）

【要領】右手擰拿時，雖然旋擰的是對方的右手腕部，
但應該力貫其右臂的根部，即拿住對方的腕、肘、肩三關
節，這樣他才能真正被我拿住。右前臂上架對方右拳並回扣
抓住其右手腕部的動作要突然、迅猛、有力、準確，一次就
牢牢地抓住，全掌心要貼實、抓緊，控制住對方，使其右臂
難以抽回，這樣才能為下一步的拿打好基礎。

圖 1-61

圖 1-62

26.挎籃拿

【動作】當看到有機可乘時，我左手迅速由對方背後經其右腋下向前插，由其後肘窩處回折，抓住其右手掌背部，用力使其肘彎曲上折，前胸用力抵其右肘，右手同時抓其右臂肘部向後拉，對方由於疼痛難忍被我拿住。目視對方，觀察其動作變化。（圖1-63、64）

【要領】要貼緊對方的身體，防其後轉身。折對方手腕時，不要只用手上的力量，要借腰力。左手由後面經對方右腋下前插回折與右手抓握對方右肘的動作要連貫、準確，不要拖泥帶水。

圖1-63

圖1-64

27.圈脖拿

【動作】當對方以左拳（或左掌）向我頭面部或前胸部擊來時，我迅速以腰為軸向右側閃身，用左臂（或手）向外撥對方前臂，回手抓住其左臂（最好是肘部），同時迅速向前上右步，右腿緊緊貼住對方左腿，身體也緊緊貼住其身體，右手緊貼其身體由其頭右側穿過，右臂像圈一樣套住其頭部，以右肘部為支點，架在對方的右肩上，右手背猛力向上翹，同時用力回拉，將對方頭部拿住，使其不能旋轉，最後失去重心，疼痛難忍而失去抵抗力。（圖1-65、66、67）

【要領】身體要始終緊緊貼住對方，不要留有空隙，以使對方難以更拳換勢，眼睛要注意觀察對方的動態，使對方

圖 1-65

無機可乘。右臂圈住對方頸部時，要迅速上翹，動作不要脫節，並且上翹和後拉的動作要協調一致，用力要整。

圖 1-66

圖 1-67

28. 壓肩推臂拿

【動作】當對方被我摔倒臥地時，我迅速由後前撲，左手抓住對方左手腕向上、向前推舉，右手按壓對方頸部，同時用右膝跪在對方左肩關節處，將其拿住。目視對方，觀察其動作變化。（圖1-68）

【要領】要掌握好擒拿的時機，動作要快速、迅猛、準確，左手拉住對方左手向上、向前推舉、右手按壓對方頸部與右膝跪壓對方左肩關節的動作幾乎是同時完成的，用力要協調一致。

圖1-68

29. 由後抹眉拿

【動作】當對方用右拳（或右掌）向我頭面部或前胸擊來時，我迅速上右步，用右臂向上格架，順勢以右手攏住對方右前臂，同時緊貼對方的右側上左步，左手從對方的右側後方按壓住對方的前額部並用力向其身後下方壓按，對方由於頭部失控而被我拿住。目視對方，觀察其動作變化。（圖1-69、70）

【要領】向下向後壓按對方的前額時，身體要緊貼住對方的後背，使其不能自由轉動。迅速上右步和用右手攏住對方右臂的動作要準確、有力、突然，一下子就要將對方右臂抓緊，使其難以逃脫或改變位置更換拳勢。上左步更要貼緊對方的身體。用左手掌心按壓對方前額部的動作要一按到底，不可中途鬆勁或是更換位置，全部動作要乾淨俐落。

圖 1-69

圖 1-70

30. 跪拿

【動作】在技擊過程中當看到對方雙腿分開站立右腿在前有機可乘時，我迅速用右腿插入對方雙腿之間，右腳內側迅速回勾，緊緊扣、貼住對方的右腳外側，以右膝頂住對方右小腿內側並向前衝擠，同時向下彎腰，用左手緊緊按住對方右膕窩，以防止其右腿拔出逃脫。對方右腳被我控制，再受到我有力的擠壓而失去重心倒地，被我拿住。（圖1-71、72）

【要領】要掌握好進攻的節奏和時機，動作要迅猛，使對方措手不及。右膝向前衝擠對方右小腿的動作與左手按住對方右膕窩的動作要同時進行，動作要乾淨俐落。雙目要始終注意觀察對方的動靜虛實，特別是做彎腰動作時，更應該認真觀察，掌握時機，不能使對方有機可乘。

圖 1-71

圖 1-72

一 擒拿術

31. 抓胸壓肘拿

【動作】當對方用右手抓住胸部時，迅速用左手按、抓住對方右手腕，不使其掙脫，同時身體微向右轉，屈左臂，用左前臂向下按壓其右肘，將其擒住或摔倒。目視對方，觀察其動作變化。（圖1-73、74）

【要領】掌握好擒拿的時機，動作要突然、迅猛。左手按、抓對方右手腕時要抓牢、抓死，使之固定在胸前。身體右轉與屈右臂壓肘的動作要同時進行，動作要做得乾淨俐落，不要拖泥帶水，力量要猛、要狠，一下就將其擒住或摔倒。

圖1-73

圖 1-74

32.抱腰掰腮拿

【動作】對方從右側前方用雙手按抱我腰部時，我身體迅速向右轉動，右手由對方身後扣其左腮，用力向其右後下方扣掰，左手順勢拉住其右前臂用力向下拉，兩臂兩手同時用力將其拿住。目視對方，觀察其動作變化。（圖 1-75、76）

【要領】反應要及時，當對方剛剛抱住尚未抱死時，抓住時機實施擒拿，動作要迅猛、準確。右手扣其左腮的動作與左手下拉其右前臂的動作要同時進行，要用全身之力，這樣才能收到好的擒拿效果。

圖1-75　　　　　　　　　　　圖1-76

33. 拉腰別肘拿

【動作】當對方用雙手拉住我腰部時，我兩臂迅速向左右環繞畫弧，兩手順勢抓、托住對方兩肘，身體前移死死頂住，防止其掙脫開雙手，同時兩肘回收將其兩前臂夾住，用力上挑，將其拿住。目視對方，觀察其動作變化。（圖1-77、78）

【要領】使用拉腰別肘擒拿技術時，要掌握好進攻時機，托、抓對方兩肘和身體前移前頂的動作要同時進行，用力要猛，動作部位要準，這樣才能收到較好的擒拿效果。

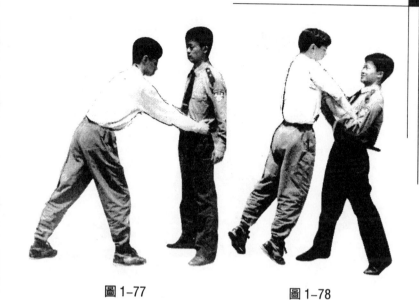

圖 1-77   圖 1-78

34. 踩臂拿

【動作】當對方被我摔倒後，迅速用右手抓住其左手臂上提，右腳用力踩其左肩，然後彎曲其左手別於我右小腿前，我右小腿用力前頂，使對方疼痛難忍被我擒住。目視對方，觀察其動作變化。（圖 1-79、80）

【要領】動作要迅猛，對方倒地後要抓住有利時機不能給他喘息的機會。右手提臂與右腳踩肩的動作要同時進行，腳踩的位置要準確。

右手抓對方左手臂上提的動作要快速、準確、有力，一次就要將其抓緊，使對方難以逃脫或改變位置更拳換勢，這樣才能為下一步的拿打好基礎。

圖 1-79

圖 1-80

35. 雙手掐脖反拿

【動作】當對方用雙手掐住我頸部時,我迅速用左臂向上再向下折,將其雙臂壓住,同時左手迅速抓握住其左手腕,身體微微向左轉,右臂上舉擠住對方的左肘,向左前方用力下壓,對方由於臂部被壓疼痛難忍,被我拿住或摔倒。(圖1-81、82、83)

【要領】左手抓握對方左手背的動作要突然、有力、準確,並抓緊、握牢。身體微向左轉和右臂突然上抬向左前方下壓的動作要隱蔽,使對方毫無察覺,而且動作要迅猛、有力,要用全身之力,用整力,整個動作要連貫。

圖1-81 圖1-82

擒拿術

圖 1-83

36. 踹膝鎖喉拿

【動作】當看到有機可乘時，迅速從背後接近對方，右臂前伸回折，用手摟其頸鎖其喉向後拉，同時用右腳踏踹其左膕窩處，左手順勢抓住其左手腕或是左前臂用力向後拉，將其拿住或摔倒。目視對方，觀察其動作變化。（圖 1-84）

【要領】一定要掌握好進攻時機，用右手摟頸鎖喉向後拉與用右腳踏踹膕窩的動作幾乎是同時進行的，在踏踹膝窩和鎖喉的全過程中，身體應緊緊貼住對方的後背，使其不能轉動。全部動作要做得乾淨俐落、準確有力。

圖 1-84

37. 右腳剪拿

【動作】當對方向我進攻其左腳在前時，我有目的地迅速倒地，以身體左側接觸地面，左手按地隨時準備躍起，左腿前伸勾住對方的右腳跟，同時用右腿猛蹬其右膝關節內側踝關節以上的部位，左腳的用力回勾與右腳的前蹬好似剪刀一樣，使對方小腿疼痛難忍或折斷，失去重心，失去抵抗能力，摔倒在地。

目視對方，觀察其動作變化。（圖 1-85）

【要領】倒地的動作要突然、隱蔽、出其不意，右腳前蹬與左腳的用力回勾一定要同時進行，不要脫節。將對方剪拿拿倒後，要迅速起立，防其的第二次進攻。全部動作要連貫、準確、協調。

圖 1-85

38. 虎抱頭拿

【動作】當對方右手抓住我右手腕時，我迅速上左步向右轉身，左手由其右臂下向上反抱住其右手背，緊緊扣住他的右手。

接著用左手握住對方的右前臂用力旋擰下壓，使其不能轉肘。對方右臂疼痛難忍被我拿住。目視對方，觀察其動作變化。（圖1-86、87、88）

【要領】上左步、右轉身和左手旋擰下壓等一連串的動作都要準確、迅速、有力、連貫，不能脫節，否則就會使對方有機可乘。

旋擰對方的右前臂時，力點要穩，不要前後左右移動。上身要直立，不要隨對方手的移動而移動。

圖 1-86

圖 1-87

圖 1-88

39. 別臂按頸拿

【動作】由背後突然接近對方，雙手由其腋下向前插，並用力屈肘上挑，兩臂外撐，兩手按住對方頭部後側向前下方用力壓，同時用右膝猛頂其臀部，將其摔倒拿住。身體要緊緊貼住對方背部，使其難以活動。目視對方，觀察其動作變化。（圖 1-89、90、91）

【要領】動作要隱蔽、迅猛、出其不意，在對方察覺時已將其拿住。全部動作要做得乾淨、俐落、準確、有力，特別是屈肘上挑、外撐和雙手下按的動作要連貫，用力要協調。

圖 1–89

圖 1–90

圖 1–91

40.肩臂拿

【動作】對方以左手抓住我右肩時，我迅速用左手按抓住他的右手背，使其難以逃脫，然後，身體微向左轉，左腳向後撤半步，右臂由下向上再向下轉環屈肘用力向斜下方壓對方右臂，使其因疼痛而失去抵抗能力。目視對方，觀察其動作變化。（圖1-92、93）

【要領】左手按抓對方左手背的動作要突然、準確、有力，使其難以掙脫、更拳換勢或改變位置。身體微向左轉和右臂屈肘向斜下方壓對方右臂的動作，幾乎是同時進行的，動作要連貫、協調、迅猛，中間不要脫節。向斜下方壓對方右臂時要用整力，用全身之力，兩腿用力蹬地，保持自身平衡，最後成半弓步姿勢。

圖 1-92

圖 1-93

41. 踩拿

【動作】在技擊過程中，看到對方右腳在前兩腳出現空
隙有機可乘時，我迅速以右腳前伸，用腳掌踩住對方右腳內
踝部位，以右腳跟為支點，屈右膝，用力下踩，對方由於內
踝被踩，疼痛難忍失去平衡而摔倒。（圖 1-94、95）

【要領】右腳跟不能離地，屈右膝時整個身體重心要前
移。右腳前腳掌要踩實，要貼緊對方的右腳內踝部位。左腳
支撐要穩，注意隨時保持自身的平衡。目視對方的動作變
化。

圖 1-94

圖 1-95

42. 小托槍拿

【動作】當對方用左掌向我頭面部或胸部擊來時，我用右手迅速上架，從外側抓住對方手背（手心與對方手背相對），用力向下旋擰，使其手心向上。同時上右步右轉身，用左手虎口卡住對方右手背的腕關節處，以左手為支點，右手用力回拉並上挑、下壓其手腕背部，使其右腕關節背屈小於 90°，疼痛難忍，失去抵抗能力。目視對方，觀察其動作變化。（圖1-96、97、98）

【要領】右手抓握對方左手的動作要快，要準確，一把就要抓緊、抓牢、抓死，不要來回倒手、換手，也不要只用指尖抓，以免掌心空而不實控制不住對方。左手虎口卡住對方左手腕部並作支點和右手回拉並上挑、下壓的勁力要一致，要配合好，要同時進行。

圖 1-96

圖 1-97

圖 1-98

43. 掐喉拿

【動作】對方以右拳（或右掌）向我頭面部或胸部擊來時，我迅速進左步，用左手吃住黏住對方右手臂，由下向上再向下翻攪，將對方右胳膊夾於自己的左肋下，左腿緊緊貼住對方的右大腿外側，右手向前，張開虎口，用力掐住他的咽喉，猛向前下方推，使其失去抵抗能力而被我拿住。目視對方。（圖1-99、100）。

【要領】左手吃住對方手臂根部由下向上再向下翻攪與上左步及右手掐對方咽喉的動作幾乎同時進行，中間不能脫節，動作要突然、準確、迅猛。

圖1-99

圖 1-100

44. 上扳下坐拿

【動作】對方由後邊抱住我腰部（兩臂在外）時，我迅速屈膝下蹲，上身前俯，雙手向後下伸，抓握住對方小腿，用力向上扳，同時臀部用力下坐，一扳一坐將對方摔倒。（圖 1-101、102、103）

【要領】動作時要突然、準確，使對方毫無察覺。雙手下伸向上扳對方小腿與臀部用力下坐的動作要同時進行。

圖 1-101 　　　　　　　　　　圖 1-102

圖 1-103

45. 扳腿旋拿

【動作】當對方用右拳或掌甚至用右腳攻擊我時,我迅速下蹲,目視對方,防其向下擊打;進右步,左手將對方右小腿外側緊緊抱住回拉,右臂屈肘用掌根部擊其右膝內側,並用力向其右後方擠壓推擊,使其後倒被我拿住。目視對方,注意觀察其動作變化。(圖1-104、105、106)

【要領】下閃下蹲與進右步和左手抱住對方右小腿回拉的動作要突然、迅猛、準確,不能拖泥帶水。向對方右後方擠壓推擊和擊打其右膝內側的動作要協調用力,要突然、準確、力整,兩個動作不要脫節。

圖1-104

圖 1-105

圖 1-106

46. 背手掐喉拿

【動作】當對方抓住我右手手腕，用力外擰欲將我擰拿住時，我借其力迅速左後轉身，上左步，左腿插入對方右腿後面，成半弓步，左大腿緊緊貼住對方的右大腿，像木樁一樣將對方吃住，同時左臂前伸，身體前傾，左手用力掐住對方的咽喉部，向其後下方猛推，將其拿住或摔倒。目視對方，觀察其動作變化。（圖1-107、108）

【要領】注意借對方擰拿之力順勢轉身，動作要突然、快速、隱蔽，使對方意想不到。左手掐對方咽喉時，身體要貼緊對方，左大腿要緊緊吃住對方右大腿，使其不能轉動和逃脫。注意全部動作的協調配合。

圖1-107

圖 1-108

47. 抱踝拿

【動作】當對方右腳向我踢來時，我迅速向左閃身，上左步向右轉身，左手由下向上撈抓其右腳，右手扣抓住其右腳外側，然後迅速交與左手，右手抓住其腳後跟，用力將其右腿內旋，使其重心失控被我摔倒。目視對方，觀察其動作變化。（圖 1-109、110）

【要領】動作要迅猛，不能中途停留或脫節。抱住對方右腿內旋時，兩手的動作要協調一致，用力更要協調一致。兩腿用力蹬地站穩，隨時保持身體平衡。

圖 1-109

圖 1-110

48. 纏腕拿

【動作】當對方用左手抓住我右手腕時，我迅速以左手用力按抓住對方左手背，使其難以掙脫。同時，右手貼著對方左手腕繞弧向下，經其手虎口朝外旋轉再向上鑽翻，然後，兩手一起用力旋擰，使對方左臂尺骨由下翻轉向上，兩手再繼續用力折壓其腕部，使其疼痛難忍，失去反抗能力而被擒住。（圖1-111、112、113）

【要領】左手按抓住對方左手背和右手貼對方左手腕向下經其虎口朝外旋轉再向上鑽翻的動作要迅速、突然、果斷，兩手要協調用力，動作不要脫節。

圖 1-111

圖 1-112

圖 1-113

49.摟踝推膝拿

【動作】格鬥中，當發現有機可乘時，迅速下蹲，伸左手摟按對方的右踝外側，右手內收，指尖向外，用掌根頂住對方的膝關節內側，用力向左後側猛推，將對方摔倒拿住。目注視對方，觀察其動作變化。（圖1-114、115、116）

【要領】要迅猛、突然、準確和出其不意地攻擊對方，右手向左後側推時，腰也要隨之轉動，全身用力要協調一致。左手摟按對方右踝外側時要按緊按實，使之不能隨意活動，這樣才能為下邊的拿打好基礎。

圖1-114

圖 1-115

圖 1-116

50. 夾肘推肩拿

【動作】當對方由背後拉住我衣領時，我迅速向右轉身，屈右臂，用右肘向外格架並順勢攔住對方的右前臂，將其夾於右腋下，左手按住對方右肩部用力向下壓，左腿貼地後蹬，將對方摔倒拿住。（圖1-117、118、119）

【要領】右臂向外格架要突然、迅猛，左手按壓對方右肩部的動作要準確有力。

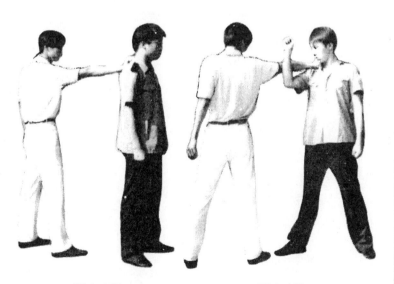

圖1-117　　　　　　　　圖1-118

擒拿術

圖 1-119

二 奪凶器

在日常生活中使用的菜刀、斧頭、棍子以至匕首等工具和器械，往往都可以被不法分子以及亡命之徒當做凶器來危害人們生命財產。這樣看來，凶器的種類就很多了，難以準確地區別和劃分，例如按凶器的長短、材質、軟硬、鋒刃等簡單地加以區別，就可以分為長凶器、短凶器、木製凶器、鐵製凶器、軟凶器、硬凶器、單面刃凶器、雙面刃凶器等等。為了制服歹徒持械行凶，奪凶器就成為擒拿技術中特殊的實用技術。

奪凶器的基本技術及基本理論是在擒拿基本技術和基本理論的基礎上產生的，沒有紮實的擒拿技術就不可能學好奪凶器技術。

但是，奪凶器技術又有它自己特殊的技術和戰術特點，所以要掌握好奪凶器技術，不但要學好擒拿技術，還應該了解和掌握各種凶器的性質及使用方法。

比如匕首，如果你不了解它的性質和使用方法，奪匕首時可能吃虧。匕首握法一般分為正握和反握兩種，由於握法不同，決定了它的攻擊方向和攻擊方法的不同。正握匕首可以由上向下刺、斜刺、側刺、反刺；反握匕首一般用於由下

向上刺、直刺和橫割等等。此外，還應該知道，匕首雖然長度較短，但它兩面都有鋒刃，鋒利的刀尖，因此，我們在實施奪匕首時，一定要避其鋒芒，並且注意它的運動軌跡，首先要閃過躲過，然後才能快速準確地一招取勝，將不法分子擒住、拿住。

由此看來，奪凶器技術是一項比較複雜而且實用性較強的特殊技能，要求我們在實施技法時必須做到動作準確無誤、沉著機警、膽大果斷，還要及時發現對方的破綻，掌握好最佳攻擊時機，以快速、準確、迅猛、突然的動作安全地奪取不法分子手中的凶器，將其制服。

（一）奪凶器的原則與要求

1.沉著冷靜，審時度勢

人們常講膽大心細，遇事不慌，是指在遇上驚心動魄的事件時，表現出胸有成竹的心理素質和審時度勢的應變能力。當面對手持凶器的歹徒時，沉著的心態、冷靜的頭腦是以靜制動、戰勝對方的前提條件。

如果遇事慌忙，沒有一個估量權衡、選取克敵手段的瞬間準備，必然方寸大亂，甚至魂飛魄散。因此，魯莽急躁不成，怯懦畏縮更不成。

只有用冷靜的頭腦正確地分析敵我雙方的優劣條件，憑借環境，再加上科學的制敵本領，才能巧度事，闖險關，迅速觀察事件的發展和變化，包括對歹徒身體狀況的觀察、心理動機的捕捉和對地形地物的利用，以及對歹徒出手進攻時的意圖和力量破綻的利用等等，及時捕捉戰機，用迅猛、果

敢、頑強的威懾力量將歹徒制服。

2. 虛實結合，隨機應變

虛與實、動與變的轉換不僅是一種哲學理念的體現，還是事物變化規律的高度抽象和概括。如果把虛實結合、隨機應變的手段應用在擒拿格鬥中，不失為一種克敵原則。

在與歹徒奪凶器時，首先要透過其神態、意識、語言、行動等方面來觀察、分析和判斷其目的。然後根據現場實際，確定制敵方法，如採取左翻右轉、聲東擊西、指南打北、支撐四面而總攬八方的戰術，即所謂避實就虛，揚長避短。

當然，在奪凶器中所表現的應變能力要比日常生活中激烈得多，也複雜得多，多呈現出迫在眉睫、刻不容緩的勢態。例如：當歹徒用槍逼近時，切不可輕易做出任何抵抗動作，可暫且按照歹徒要求舉起雙手轉過身去，以求從思想上麻痺歹徒，但自己的思想要高度運轉，隨時期待戰機的到來。當歹徒放鬆戒備或稍有懈怠時，應突然反擊，以快捷的行動、最小的代價，將歹徒制服。

3. 揚長避短，捕捉戰機

奪凶器時要充分發揮自己的長處和優勢，尤其面對窮凶極惡手持凶器的暴徒，應盡可能地隱蔽自己的弱點。

俗話說：「弱點外露必遭災禍。」怎樣發揮自己的長處和優勢呢？首先，對自己戰勝歹徒的能力要有個正確的估計，包括體力、智力和技術手段等等。只有明確認識到自己的長處和短處，才能在繳奪歹徒凶器的過程中揚長避短，

穩、準、狠地制敵；其次，要善於觀察歹徒，從他的眼神和行動中捕捉其鋌而走險、施暴逞凶的動機和膽怯因素；第三，應當知道任何歹徒行凶施暴踐踏法律的犯罪行為都有其共性特徵，例如情緒急迫、不思後果、手段殘暴、手法凶虐、歇斯底里、心慌意亂等等，要設法利用這些普遍的特點。

上述三條須在與歹徒交手的瞬間迅速料定，做到「知己知彼」，而後才能「百戰不殆」。一定要善於捕捉戰機，要秋毫有所察，時機有所用，創造情境，出擊制敵，以取得最後勝利。

4. 借力順勢，出其不意

擒拿搏擊理論中，「借勁使勁順他勁，不可掙力逆進行」是一句哲理深刻的實戰理論。在奪凶器時，就是借力順勢，順勢化力，不與歹徒糾纏在一起，要讓歹徒有勁使不上，有力發不出。

要注意觀察歹徒，他不動我不動，他微動我先動，其間不能猶豫，要以敵之力摧敵之虛，敵攻之時我閃化而擊他，使其摸不清我攻擊力量的方向和大小，這就是「見其行，我即入，直摧敵身」法中的出其不意。

面對歹徒的匕首，切不可用手和胸直接去抓去頂，應迅速閃身，從側面避其鋒芒，化掉匕首直刺的力量，借機順勢實施擒拿技法。

奪凶器過程中，技法的運用不是單一的，而是綜合變化同時運用，即所謂見機行事，見勢出招，隨勢而布，隨勢而發，招法多變，出其不意，以迅雷之勢直搗敵虛，取得較好

的擒敵效果。

5.果敢善斷，攻其要害

運用擒拿技擊時必須果敢善斷，常言道：「當斷不斷，必遭其亂。」面對持不同凶器的歹徒，要想制服他，採用什麼樣的方法與個人素質很有關係。一旦確定了攻擊點，絕對不能遲滯僵硬、澀膩不利，而應如百脈流通般氣貫長虹，聚體內之力落於一點，發手勇猛，落點堅剛，達到疾、快、猛並用的效果。

攻其要害，還要以巧制敵，在實戰中善斷與巧攻是相輔相成的，判斷不準，會給擒敵帶來一定的阻力；判斷正確而不能行之有效地制敵，更會給生命財產帶來損失。

上述五種原則的綜合運用是制敵的重要方面，要熟練掌握，融會貫通，為保衛國家、保衛人民生命財產練出絕招。

（二）奪凶器的技法

1.夾臂壓肘奪匕首

【動作】當對方右手握匕首以劈刺手段刺來時，用「V」形手上防，抓住對方的右手腕部，沿順時針方向旋擰；同時上左步，再插右步，向右後方轉體180°，並用左臂夾住對方右肘向下壓，隨即用右手扣抓回摟對方右手腕並卷腕成俯身控制。（圖2-1、2）

【要領】全套動作要突然、迅猛，擰臂、轉體、夾壓肘關節幾個連續性動作要同時完成。注意全套動作的準確與協調一致。

圖 2-1

圖 2-2

2.外掰拿奪匕首

【動作】當對方右手握匕首向我頭面部或胸部直刺來時，我迅速向左側閃身，用左手擄抓住對方右手腕部，右手同時由下向上抓對方右手腕的小指外一側，兩手合力翻擰其右前臂，此時對方右臂疼痛難忍被拿住。（圖2-3、4、5）

【要領】左手抓住對方右手腕部與右手由下向上抓握對方右手腕部的動作要配合好，翻擰其右前臂時，用力要協調一致。全套動作要快而突然，要掌握好進攻的時機。

圖2-3

圖 2-4

圖 2-5

3.別臂壓肩奪匕首

【動作】對方用挑刺刺來時，我後閃，左臂前伸，用「×」形防守，迅速順對方右腋下前插，並屈肘纏繞別住其右臂；同時上左步，撤右步，身體向右後轉，將對方右臂反卷別於背後，右手用力下壓對方右肩，將其拿住。（圖2-6、7、8）

【要領】全套動作要連貫、準確，掌握好進攻的時機。別其右臂與下壓其右肩的動作要迅猛有力，動作要乾淨俐落。

圖2-6

圖 2-7

圖 2-8

4.鏟膝扳頸奪匕首

【動作】對方用反手平刺法向我刺來時,我迅速用右手擄抓,同時上左步向右轉體躲閃,用右腳鏟踢對方右膕窩處,並用左手摟住對方頸部,向左後方用力掰擰,右手抓住其右腕向後猛拉,用右側髖部頂住他的右肘,將其拿住。(圖2-9、10)

【要領】閃身抓腕的動作要快而準確,鏟踢右膕窩的動作要有力而迅猛,左手扳頸要與右手抓右腕向後猛拉的動作配合好,要協調一致。

圖2-9

圖 2-10

5.圈臂肘擊奪短棍

【動作】當對方用短棍由上向下砍擊我頭部時，我左臂迅速由裡向外格架，上右步，左臂順勢圈住其右臂，同時屈右臂，用右肘掃擊其頭面部，使其喪失抵抗能力。（圖2-11、12、13）

【要領】左手圈、擰住其右臂的動作要迅猛準確，右肘擊打其頭部的動作要及時有力，左腋要夾緊其右手，使之不能活動。

圖 2-11   圖 2-12

圖 2-13

奪凶器

6. 拉臂頂肘奪短棍

【動作】當對方用短棍由上向下劈擊我頭面部時，我迅速向右前方閃身，左手上架，順勢用左手抓握其右手腕部前臂，用力回拉，同時用右肘頂擊其胸部，使其疼痛難忍喪失抵抗能力。（圖2-14、15、16）

【要領】左手抓握其右手腕或前臂用力回拉與右肘頂擊其胸部的動作要同時進行。

圖2-14

圖 2-15

圖 2-16

7. 折腕踢襠奪短棍

【動作】當對方右手持短棍劈擊我頭部時，我迅速用右前臂上架，順勢抓住其右手腕部，左手配合右手動作抓緊其右前臂，兩手用力回折，使其右手腕關節小於90°，同時起右腿猛踢其襠部而制服他。（圖2-17、18、19）

【要領】右手與左手抓緊其腕關節用力回折時，要使其右手腕關節小於90°並使其指尖向下，右腳踢擊其襠部的動作要準確有力。

圖 2-17

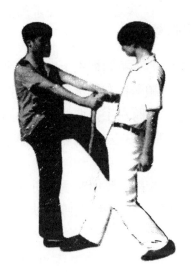

圖 2-18

圖 2-19

8. 托臂踏膝奪短棍

【動作】對方右手持短棍由上向下擊來時，我迅速向左閃身，躲過棍擊，順勢抬右臂上架並攦、抓住其右手腕，用力旋擰並向下壓，同時左手托握住其右肘向上抬，起左腳橫踏其右膝外側，使其失去抵抗能力被擒住。（圖 2-20、21、22、23）

【要領】右手旋擰下壓與左手托肘的動作要協調一致地用力，力點要準確；左腳橫踏右膝的動作要突然迅猛。

圖 2-20

圖 2-21   圖 2-22

圖 2-23

9. 夾臂擰腕奪菜刀

【動作】對方右手握菜刀由上向下向我劈來時，我立即向左閃身，上左步，同時左手順勢由上向下抓住其右手腕處，左肘迅速上抬，用力夾住其右臂，左腳後插吃住其右腳，使其難以轉動，右手由外側抓住其腕關節，兩手合力旋擰，使其被拿住。（圖2-24、25）

【要領】上步閃身要快，左手抓其右手腕上抬與左肘夾其右臂的動作要掌握好時機，動作要突然、迅速、準確，擰腕要狠，要有力。

圖2-24

圖 2-25

10. 掐喉絆腿奪菜刀

【動作】對方右手持菜刀由上向下向我頭部劈砍時，我立即用左臂向上格架，回手抓住其右前臂（最好是抓右手腕），向外翻擰，同時右腳向前上步，緊緊貼住其右腿，用腳跟後蹬，右手張開虎口向前掐其咽喉，以右腳後絆與右手掐喉合力將其摔倒拿住。（圖 2-26、27、28）

【要領】格架與抓握要準確到位，要迅疾快速；掐喉與後絆要同時進行，協調用力，乾淨俐落。

圖 2-26

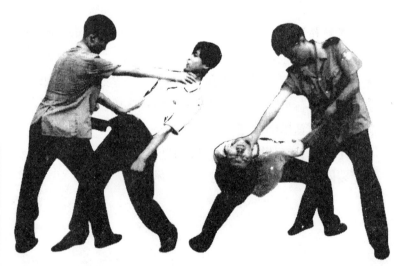

圖 2-27   圖 2-28

11. 拉腕砍頸奪菜刀

【動作】對方右手握菜刀向我頭、肩部砍來時，我立即向右閃身向左前方上右步，左手由上向下順勢抓握其右手腕部，用力向斜下方拉，同時右手變掌，以小指側劈砍其右頸部（或以掌尖戳其雙眼），使其頸部（或雙眼）受傷失去抵抗能力。（圖 2-29、30、31）

【要領】閃身上步動作要快，左手由上向下順勢抓握其右手腕部的動作要迅疾準狠，劈砍其右頸部的動作要剛勁、強實。

圖 2-29

圖 2-30

圖 2-31

12. 踢膝掃肘奪菜刀

【動作】對方右手握菜刀由上向下劈砍我頭部時，我立即向左側跨步閃身，順勢用右手攎抓住其右手腕部或右前臂用力向後拉，同時抬右腳踏擊其右膝關節處，屈左臂，用左肘橫掃其頭面部，使其膝部和頭部受傷而失去抵抗能力。（圖 2-32、33、34）

【要領】向左跨步閃身不要離對方太遠，要恰到好處；右手攎抓對方右手腕部要準確、有力、迅猛而牢固，右腳踏擊與左臂掃肘要同時進行，使其顧此失彼。

圖 2-32

圖 2-33

圖 2-34

13. 舉臂壓肩奪斧

【動作】當對方右手持斧向我頭部劈來時，我迅速向左閃身，用左手抓住其右前臂，向下再向上用力舉起，同時右手按住其右肩用力向下壓，將其擒住。（圖 2–35、36、37、38）

【要領】左手抓其右前臂的動作要準確有力，突然迅猛，右手向下按壓其右肩的動作要有力。

圖 2–35

圖 2-36

圖 2-37 　　　　　　　　　　 圖 2-38

14. 推肘勾掃奪斧

【動作】對方右手持斧向我頭部砍來時，我立即向左閃，同時上左步，右手推抓住其右肘處向斜下方拉，同時用左腳勾踢其右踝處，左手按住其左下頜處向後斜下方拉，將其踢倒擒住。（圖2-39、40、41）

【要領】右手抓握其右肘的動作要準確、迅猛而有力，一旦抓住就不要再鬆開，並要抓牢、抓緊。勾踢其踝關節的動作要與左手向後斜下方拉的動作配合好，要協調一致。

圖 2-39

圖 2-40

圖 2-41

15.外掰絆摔奪斧

【動作】當對方右手持斧由上向下向我砍來時，我迅速向左側閃身，用左手抓住其右手腕部，同時右手由下向上抓住其右手腕的小指外側，上右步向左轉身，右腳向前插至其右腿外側，緊緊地貼住和吃住其右腿向外撐，兩手同時用力翻轉旋擰其右前臂，使其由於右臂疼痛難忍和右腿被絆失去平衡而倒地被拿。（圖2-42、43、44、45）

【要領】要掌握好進攻的時機，兩手要握緊抓牢其右腕，中途不要鬆開，兩手翻轉旋擰的動作要有力、迅猛，右腿絆摔時要緊緊地貼住、吃住其右腿，中間不要留有縫隙。

圖 2-42

圖 2-43

圖 2-44　　　　　　　　　　　圖 2-45

16. 抓別踢襠奪傘

【動作】當對方用雨傘向我頭面部劈砸時，我迅速向左閃身，右手順勢抓住雨傘向上掀，再向其右肩窩回折，左手向下按壓其右手腕部，使雨傘尖頭指向其面部，同時以右腳踢擊其襠部，將其擒住。（圖2-46、47、48、49）

【要領】右手抓雨傘的動作要準確，要看好時機，右腳踢擊其襠的動作要迅猛有力。

圖 2-46

圖 2-47

圖 2-48

圖 2-49

17.絞壓絆摔奪傘

【動作】當對方右手持傘用傘尖向我胸部刺來時，我迅速向左側閃身，右手抓住雨傘，左手抓住其右手腕部，用力向外擰轉，同時上右步向左後轉身，右腳緊緊貼住、吃住其右腿外側，用力貼地後蹬，將其摔倒。（圖 2-50、51、52、53）

【要領】雙手抓握雨傘向外旋擰的動作要準確、迅猛而有力，右腳後蹬一定要緊貼地面。

圖 2-50

圖 2-51

圖 2-52

圖 2-53

18.絞壓橫擊奪長棍

【動作】對方用長棍向我捅擊而來時，我迅速向外側躲閃，同時雙手分別抓住棍的前端和中部，兩手用力沿順時針方向絞壓，迫使其鬆脫，借力將棍奪下，用棍橫擊其頭部。（圖2-54、55、56）

【要領】躲閃要及時，兩手抓棍要準確、有力，絞擰時要一氣呵成，橫擊對方頭部要迅猛有力。

圖 2-54

圖 2–55

圖 2–56

19. 抓棍勾掃奪長棍

【動作】對方雙手持棍向我反背橫掃時，我迅速下蹲屈身閃過，當棍掃過頭頂後，抓住時機，起身並用雙手按抓棍身，隨即用左腳勾掃其前腿，同時用左拳反背橫擊其頭面部。（圖 2-57、58、59）

【要領】下蹲屈身躲閃要及時，雙手抓棍要掌握好時機，左腳勾掃與左拳反背橫擊幾乎是同時進行。

圖 2-57

圖 2-58

圖 2-59

135

20. 拉推鎖頸奪長棍

【動作】對方用棍向我捅擊時，我迅速向右側躲閃，用右手抓住棍的前端，並向上向前推棍，左手順勢抓住棍的中端向後拉，迫使棍豎起，隨即上右步向左轉身，身體緊貼其背部左側，用棍中段套住其頸部，雙手用力向後拉，將其頸鎖住，使其失去抵抗能力。（圖2-60、61、62）

【要領】躲閃要及時，右手推棍與左手拉棍的動作要協調一致，用棍鎖其頸部向後拉的動作要準確、迅猛而有力。

圖 2-60

圖 2-61　　　　　　　　圖 2-62

21.抓臂托槍奪長棍

【動作】當對方右手持棍劈擊我頭部時，我迅速向左側閃身躲過，右手順勢擄住其右手腕部；左手迅疾上托其右肘，此時左手用力上托，右手用力下壓即可將其拿住。（圖2-63、64、65）

【要領】躲閃要掌握好時機，左手上托和右手下壓的動作要協調用力，雙手要抓牢，動作要連貫、強勁、有力而迅疾。

圖 2-63

圖 2-64

圖 2-65

22. 推肘抹眉奪方凳

【動作】當歹徒用方凳由上向下砸我頭面部時，我迅速向右閃身，用左手推住其左肘，上右步，右腳緊緊吃住其左腳，右手按住其額部用力向右後下壓，將其拿住或摔倒。（圖 2-66、67、68、69）

【要領】左手推其左肘的動作要準確、及時，上右步和右腳貼住、吃住其左腳要牢，像木樁一樣不要動，使其左腳不能向後移動，右手按壓其額部的動作要迅猛準確。

二 奪凶器

圖 2-66　　　　　　　　　　　　圖 2-67

圖 2-68　　　　　　　　　　　　圖 2-69

實用擒拿法

23.圈脖頂膝奪方凳

【動作】對方雙手持方凳向下砸我時，我迅速向右閃身，左手用力推其左臂肘部，上右步轉至其身後，右腿緊緊吃住其左腿，右膝用力向前推其左膕窩。右臂由後圈住其頸部用力向後拉，將其拿住。（圖2-70、71、72）

【要領】左手推其左肘的動作要準確有力，右膝前頂與右手圈頸後拉要同時進行。

圖2-70

二 奪凶器

圖 2-71

圖 2-72

24. 擄抓砍頸奪鐵鍬

【動作】對方用鐵鍬由上向下劈擊我頭部時，我迅速向左閃身，順勢用右手抓住其右前臂（或鐵鍬把），用力向後向下拉按，同時左手用掌砍劈其後頸部，使其失去抵抗能力，被我擒住。（圖2-73、74、75、76）

【要領】右手抓握的動作要突然迅猛，左掌砍劈的動作要狠，要有力。

圖 2-73

圖 2-74

圖 2-75

圖 2-76

25. 抓拉切別奪鐵鍬

【動作】對方雙手握鐵鍬向我右肋砍來時，我立即向前上右步（與對方的身體越貼近越好），右手抓握住鐵鍬把，用力向後拉，左手握拳擊打其的頭面部，同時左腳迅速向前插，左腿緊緊貼住、吃住其左腿向左後撐，左手順勢推擊其左肩，將其摔倒拿住。（圖 2-77、78、79）

【要領】右手抓握鐵鍬把的動作要準確有力，抓住後就不能鬆開。左腿別其左腿和左手向前推其左肩的動作要同時進行。

圖 2-77

圖 2-78   圖 2-79

26. 踩踏勾擊奪扁擔

【動作】對方用扁擔向我劈擊時,我掌握時機看準其動向。當其扁擔擊空落地時,右腳迅速用力踩踩扁擔中段,迫使其鬆脫,同時用左腳勾踢其前腿和用右擺拳擊打其頭面部,將其擒住。(圖2-80、81、82、83)

【要領】躲閃與用右腳踩踩扁擔的動作要掌握好時機,全套動作要迅速準確;左腳勾踢與右擺拳擊打的動作要同時進行,要快、猛、狠。

圖 2-80

圖 2-81

圖 2-82

圖 2-83

27. 切頸別摔奪酒瓶

【動作】當對方右手握酒瓶擊我頭面部時，我迅速用左臂向上架其右臂，順勢向外翻轉撥動並抓住其右前臂，同時上右步，右腿緊緊吃住其右腿，用力向後蹬，左手抓住其右臂向左後斜方拉，右手變掌，由上向下斜劈其左頸部，使其重心失控而摔倒，喪失抵抗能力。（圖 2-84、85、86、87）

【要領】左臂上架與回手抓右臂的動作要準確、適時而有力，右手斜劈其頸部與右腿後蹬的動作要同時進行。

圖 2-84

圖 2-85

圖 2-86

圖 2-87

28.擄臂折腕奪酒瓶

【動作】當對方用酒瓶向我砸來時，我迅速向左側閃身，以左手抓握其右手腕處，右手也迅速抓握其右手腕關節掌背部，用力回折，使其小於90°，對方因右腕疼痛難忍被我拿住。（圖2-88、89）

【要領】左手抓握其右手腕部的動作要掌握好時機，動作要迅猛有力，兩手要協調一致地回折其右手腕。

圖2-88

圖 2-89

29. 舉臂壓肩奪酒瓶

【動作】當對方用酒瓶由上向下砸來時，我迅速向左閃身，以右手擄住其右腕關節處，用力上舉，並迅速將其右手腕交與左手，右手順其右臂向下按住其右肩關節用力下壓，左手上舉，右手下壓，將其拿住。（圖2-90、91、92、93）

【要領】右手擄住其右臂用力上舉的動作要突然、有力，右手交與左手時兩手動作不要脫節，右手下壓的動作與左手上舉的動作要協調一致。

圖 2-90

圖 2-91

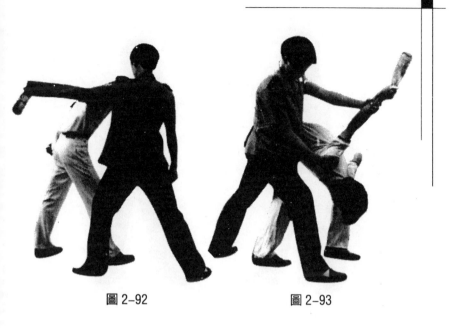

圖 2-92　　　　　　　　　圖 2-93

30. 折腕頂襠奪手槍

【動作】當對方右手持槍由前面對準我胸部時（槍口離我身體較近），我立即向左側閃身，身體左轉，避開槍口，左手迅速抓其右手腕部（或槍的後身），順勢向前推，迫使槍口偏離前胸；右手迅速由下抓其手腕，兩手合力旋轉向回擰折其右腕，使槍口對著對方，同時以右膝頂擊其襠部，將其就擒。（圖 2-94、95、96、97）

【要領】躲閃抓腕的動作要突然準確，使其不能察覺，兩手合力旋擰並向回擰折及用右膝頂擊其襠部的動作要狠，要迅猛有力。

圖 2-94

圖 2-95

圖 2-96

圖 2-97

31. 外掰踢襠奪手槍

【動作】當對方右手持槍由前面對準胸部時，我迅速向左閃身轉體，避開槍口，左手順勢抓住其右手腕部，右手由下向上迅速抓住其右腕部，兩手合力向外側翻擰其右前臂，使其疼痛難忍，同時抬右腳踢其襠部，將其制服。（圖 2-98、99、100）

【要領】躲閃抓腕的動作要突然、快速而準確，一定要選好進攻時機；兩手合力向外翻擰的動作要狠而有力，同時要與右腳踢襠的動作同時進行。

二 奪凶器

圖 2-98

圖 2-99   圖 2-100

32.擰臂扛拿奪手槍

【動作】當對方右手持槍對準我頭部時，我迅速向左躲閃，並用右手擄住其持槍的右手腕部，向右轉身，上左步，用左肩緊緊頂住其右腋窩處，同時左手抓住其右腕部，以左肩為支點，兩手同時旋擰，使其拳心向上，兩手用力下壓，使其右臂疼痛難忍或折斷而被擒。（圖 2-101、102、103）

【要領】躲閃抓腕的動作要突然、準確而有力，兩手合力旋擰與以左肩為支點用力下壓的動作要連貫，用力要協調一致。

圖 2-101

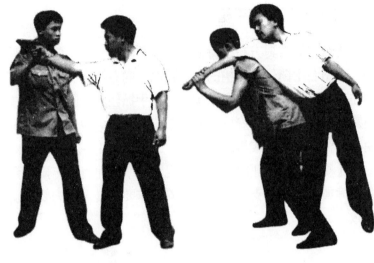

圖 2-102　　　　　　　　　圖 2-103

33. 夾臂鎖喉奪手槍

【動作】當對方右手持槍由後面對準我背部時，我突然向右轉體，同時用右臂橫擊其右臂，使槍口偏移；左腳前邁，使身體緊緊貼住其右側，右臂屈臂夾住其右前臂，左臂迅速摟住其頸部向後拉，將其擒住。（圖 2-104、105、106）

【要領】向右轉體與右臂橫擊其右臂的動作要非常隱蔽，不使其察覺；右臂屈夾其右臂與左手摟其頸部的動作要同時進行，要準確有力。

圖 2-104

圖 2-105

圖 2-106

34. 夾臂擊頭奪手槍

【動作】當對方右手持槍由後面對準我背部時，我突然向右轉身用右臂格開其右臂，使其槍口偏移；隨即右臂前屈將其右臂緊緊夾住，上左步，用左擺拳擊打其右太陽穴，將其擊昏擒住。（圖 2-107、108、109）

【要領】右轉身用右臂格開其右臂的動作要非常隱蔽，使其毫無察覺；右臂前屈夾其右臂與上左步用左擺拳擊打其太陽穴的動作要有力、連貫，中途千萬不要脫節。

圖 2-107

圖 2-108　　　　　　　　圖 2-109

35.切脖勾踢奪長槍

【動作】當對方用長槍向我胸部刺來時，我迅速向右前方上右步閃開，左手順勢抓住槍用力回拉，隨即上左步，右手推擊其左肘部，同時右腳貼地勾踢其左腳，右手變掌回切其頸部，將其摔倒，將槍奪下。（圖 2-110、111、112）

【要領】左手抓槍回拉與右手推其左肘部的動作要連貫、準確，右腳勾踢其左腳與右手變掌回切其頸部的動作要同時進行，要迅猛、有力。

圖 2-110

圖 2-111   圖 2-112

36.擊面蹬膝奪長槍

【動作】當對方持長槍向我胸部刺來，我迅速向右前方上右步，左手順勢抓住槍向回拉，右拳用力擊打其頭面部；隨即兩手抓槍用力回拉，同時左轉身起右腳側蹬其膝關節，將槍奪下。（圖2-113、114、115）

【要領】左手抓槍時動作要準確、迅猛而有力，兩手抓槍回拉與左轉身起右腳側蹬其膝關節的動作要同時進行。

圖2-113

圖 2-114

圖 2-115

三 輔助功法

在傳統武術各門派中，習練者除練習基本套路、基本技擊技法和各種長短器械外，為了配合技擊技術的練習，儘快增長功力和提高耐力、靈敏等素質，都很重視輔助功法的練習。輔助功法有很多，如梅花椿拳中常用的輔助功法就有搬弓子、四指功、七指功、插沙筒、鐵布衫、鐵尺排肋等等。為了幫助廣大初學擒拿技術者學習，我們精選了幾種簡單易學的輔助功法介紹如下。

1. 對壓腕練習

【預備】甲乙雙方對面交錯平行站立。兩腳分開，左手握拳放在腰間，右臂向右側平伸，雙眼順右手前看。（圖3-1）

【動作】甲乙雙方兩手正握在一起，注意不要屈肘。（圖3-2）

甲右腕用力下壓乙右腕。用力要均勻。（圖3-3）

乙右腕用力不使甲輕易將自己右腕壓下。兩力僵持一會兒後再稍撤力使甲右腕將自己右腕壓下。然後又迅速上翻，將甲右腕壓下。（圖3-4）

圖 3-1

圖 3-2

圖 3-3

圖 3-4

【注意】換手做時左手壓腕的方法與右手相同。一般訓練中右手壓腕 20 次後換左手壓腕 20 次，如此甲乙雙方反覆練習。

剛開始練習時要用力小一些，練一段時間後再逐漸加力。加力的大小，以雙方承受情況而定。

2. 樁步刁腕練習

【預備】甲乙雙方相距一臂距離，自然站立，兩手握拳放在腰間，雙目對視。

【動作】甲用右拳向乙頭面部擊打（圖 3-5），右肩關節放鬆，順肩、順胯，右臂擊直，右肘不要上翻，要迅速有力。拳眼向上，拳面向前，目視乙方。

乙看到甲的右拳向自己頭面部擊來時，迅速向左閃身，右前臂上架（圖 3-6），反手用力刁住甲的右腕部（圖 3-

圖 3-5

7），並迅速用左拳擊打甲頭面部。動作要突然、準確、有力。目視甲方。

圖 3-6

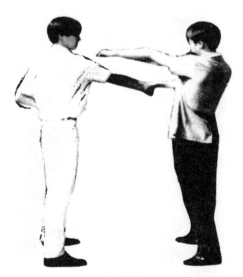

圖 3-7

甲見乙的左拳向自己頭面部擊來時，迅速抽回右手放在右腰間，向右閃身，用左前臂上架（圖3-8），並反手回手刁住乙方的左手腕部，同時用右拳擊打乙方頭面部，目視乙方（圖3-9）。

　　乙見甲右拳向自己頭面部擊來時，迅速抽回右手，向左閃身，用右前臂上架，並回手反手刁住甲的右手腕部。刁抓動作要快速、準確。

3.對推掌練習

　　【預備】甲乙雙方相隔一臂，成騎馬蹲襠式面對站好。（圖3-10）

　　【動作】雙方兩臂同時直臂前伸，與肩同寬，兩手正握在一起，掌根向下，掌尖朝上，掌背與前臂夾角約為90°，

圖3-8

圖 3-9

圖 3-10

目視對方。（圖 3-11）

雙方同時用右手用力前推，雙方左手用力前頂。當左手被推臨近自己身體約半尺左右時，雙方停止用力。回視對方。（圖 3-12）

甲乙雙方同時用左手用力前推，右手用力前頂，當右手被推臨近自己身體約半尺左右時，雙方停止用力。目視對方。（圖 3-13）

甲乙雙方如此反覆練習。

【注意】馬步站好，上身要正直，腳尖回扣，踏穩。手前推時，用力的大小要根據對方承受能力而定。對方前推、自己用力前頂時，頂力的大小也要根據對方的承受能力而定。總的原則是：頂力要運用到既讓對方能夠推動又要讓對方費一番力氣。

圖 3-11

左右兩手交叉前推，每手練習 20 次為一組。長期鍛鍊，對掌力、腕力的增長很有幫助。

圖 3-12

圖 3-13

4. 對鑽腕練習

【預備】甲乙雙方對面，兩腳開立同肩寬。

甲用右拳擊打甲方的頭面部。

【動作】乙右手用力正握甲的右腕部。（圖3-14）

甲用力從乙右手小拇指處向上鑽翻，然後迅速回翻握住乙的右手腕部。（圖3-15）

乙右手腕部被甲攥住後同樣以右臂由乙的右手小拇指處向上鑽翻，然後迅速回翻攥住甲方的右手腕部。（圖3-16）

甲、乙雙方如此反覆練習，以增加腕力和臂力，同時學習鑽翻解脫的技巧。左手鑽腕練習和右手鑽腕練習方法相同。

圖3-14

圖 3-15

圖 3-16

【注意】攪臂要有力、準確、適時，重點體會手腕的鑽和翻。動作要靈活，雖然是臂和腕的動作，也應用整力、全身之力。

5. 對壓臂練習

【預備】甲乙雙方對面交錯平行站立，兩腳分開與肩同寬，上身正直。（圖3-17）

【動作】雙方左手握拳放在腰部，右手握拳向斜上方伸出，目視對方。此時，雙方右手互相交叉成十字。（圖3-18）

甲的右臂伸直，用力向下壓乙臂。（圖3-19）

乙的右臂伸直，用力向上頂甲右臂（圖3-20），堅持

圖3-17

圖 3-18

圖 3-19

圖 3-20

一段時間後，稍稍減力，右臂被甲壓下，稍停頓，再次用力將甲臂壓下。

甲用力上頂乙右臂，堅持一段時間後，稍稍減力，右臂被乙方壓下，稍停頓後再次用力將乙右臂壓下。

【注意】雙方用右臂互相壓下頂上 10 次後，換左臂用同樣方法練習。

練習時一定要將臂伸直。初練時可用力小一些，練習一段時間後慢慢加大力量。加力的大小以雙方承受的情況，量情而定。

6.右手對撞腕練習

【預備】甲乙對面站成左弓步，甲的左腳尖與乙的左腳跟平行，雙方兩腳橫向相距一腳寬，左手都反握在自己的左

膝上，右手變掌相握在一起，目視對方。（圖3-21、22）

　【動作】甲握緊對方的右手腕部，向右側翻轉，與自己

圖3-21

圖3-22

的腰齊，然後用力，最大限度地向前推，目視對方。（圖3-23）

乙的右臂被甲推動時，適當用力向前頂，以甲剛剛能夠推動為度。當右臂被甲推至身體右側後方時，用力向外翻轉甲方的右腕部，並向後拉（隨翻轉隨後拉），使甲的右手指尖向下，然後最大限度地用力向前推，目視甲方。（圖3-24）

甲再做同乙一樣的練習。雙方如此反覆進行。

【注意】這是練習右手腕力和右臂臂力的好方法，所以練習時要用力，無論是前推還是前頂，都要用力，但用力的大小要根據對方的承受能力而定，不要因用力過猛、過大或用力不當而僵在一起、頂在一起，或是因用力過小而達不到訓練的目的。每組練習不應少於30次，一般根據自己身體情況練三至五組。

圖 3-23

圖 3-24

7. 對擊臂練習

【預備】甲、乙兩人對面交錯平行站立，兩腳距離與肩同寬，腳尖微向回扣，雙手握拳，拳心向上放置腰間。（圖3-25）

【動作】甲乙兩人同時用右臂貼身由後向前轉環180°，注意將臂伸直，以肩關節作軸，擊對方的頭面部。此時，甲乙兩人右臂相擊成十字。（圖3-26）

甲、乙雙方同時以右臂向右轉環360°擊對方後腦，右臂伸直。此時甲乙右臂成反臂十字交叉。（圖3-27）

甲迅速上左步用左臂貼身由後向前轉環180°擊打乙的頭面部，臂要伸直，不要彎曲。

乙右後轉身退右步，用左臂貼身由後向前轉環180°擊打甲的頭面部。臂要伸直，不能彎曲。

圖 3-25

圖 3-26

圖 3-27

此時，甲乙雙方的左前臂相擊成十字形，並同時向後轉環 360°擊對方後腦。臂要伸直，不能彎曲。雙方的左臂成反臂十字形。

甲左後轉身，向前上右步，兩腳與肩同寬，右臂貼身轉環擊打乙的頭面部。

乙右後轉身退右步，兩腳與肩同寬，左臂貼身由後向前轉環 180°擊打甲的頭面部。臂要伸直，不要彎曲。

此時，甲乙雙方右臂相擊在一起成一個十字。

【注意】手腳要配合好，腳動手動，手停步停。擊臂用力的大小，要根據雙方的承受能力而定。開始時用力小一些，練習一段時間後慢慢加力。

8. 上下錘練習

【預備】甲乙雙方交錯平行站立，頭向右轉，目視對方。兩腳分開約與肩同寬，雙手握拳放置腰髖之間。（圖3-28）

【動作】甲乙兩人同時將右臂伸直，由後向前轉環約180°，目的是擊打對方的頭面部，轉環擊臂時臂要伸直，不能彎曲，雙目隨右臂視對方。此時雙方的右臂交叉成一個十字，相擊在一起。（圖3-29）

甲乙雙方的右臂與對方相擊後，迅速向後轉環360°擊打對方的後腦。右臂轉環時要伸直，不能彎曲，目視對方。此時雙方右臂擊成反臂十字形。（圖3-30）

甲乙二人隨即同時下蹲反臂擊打對方右小腿後部，目視

圖3-28

圖 3-29

圖 3-30

對方。此時雙方成下蹲式，右臂反臂相擊交叉在一起。（圖3-31）

甲乙雙方同時迅速起立，右手回收放至兩肋，兩手抱拳，並迅速上左步，向左轉身，左臂轉環180°擊打對方的頭面部，目視對方。此時雙方的左臂相擊在一起成十字，二人相距保持一肩距離，兩腳都分開站立，與肩同寬（圖3-32）。然後雙方又都用左臂轉環相擊成十字形，再同時迅速下蹲互擊對方左小腿部。雙方如此左右進退反覆練習。

【注意】蹲下起立要迅速，始終要保持雙腳與肩同寬，雙方相距一肩。兩臂轉環時不能彎曲，相擊時要用力。雙方的進退動作要配合協調。

9. 拔樁功練習

根據習武人臂力、腕力和指力的大小，將直徑6.5公分左右、長1公尺左右的木樁下埋，輕輕踩實。

圖3-31

五指捏緊木樁，用力向上拔，右手拔後換左手拔。如此反覆上拔，木樁慢慢上升，習武者的指力、腕力和臂力也漸漸增加。隨之可將木樁深埋。

隨著功力的增長，木樁四周泥土可踩得越來越實，兩手繼續交替上拔。

一般每天練習拔樁3～5組，每組50～100次。

10. 擰棒練習

在圓木棒上繫一根長約一尺半至二尺的皮條繩，繩的另一端繫一重物。兩手各握圓木棒的兩端練習擰棒。

練習時站成騎馬蹲襠勢，腳尖微向裡扣，上身不要左歪右斜，也不要前彎後仰，頭要正，下頦不要上抬，目視前方，兩臂向前平舉，兩手用力將重物擰起，隨即慢慢擰落，

圖3-32

如此反覆練習。

兩腳要站穩，不要隨意移動，上體更不要亂晃。向上擰重物時越慢越好，向下擰放重物時也不要過快，隨著功夫的增長，向上擰重物的次數和重量要慢慢增加。練習的時間和次數要根據習武者的身體承受能力酌情而定，一般每天練習3～5組，每組50次。

11. 推磚練習

練武時成騎馬蹲襠勢，兩手各握一塊磚，目視前方，腳尖微向裡扣，上身正直，不要左歪右斜、前彎後仰。

左手握磚向前平舉，停留3～5秒，然後左手握磚回抽，放在身體左側，右手在左手回抽的同時向前推出，停留3～5秒後握磚回抽，與此同時左手再向前推出。如此兩手交替向前推。向前推磚時都要將臂伸平。

推磚練習時要注意，用力前推時身體盡量減少擺動，前推的速度要快，停留時要穩。練習的時間和次數要根據自己的身體承受能力而定，不要急於求成。可根據身體的情況將推磚次數分成幾組，如每組30次，一天推2～3組。

12. 打標板功

選擇彈性較好的木材，一般鋸成長2～2.65公尺，寬0.33～0.66公尺，厚3.3公分。將製成的標板掛在牆上或樹上，中間懸空。

以拳擊打標板，右手右拳右掌擊完後再換左手左拳左掌。如此反覆練習，每組50～100次，每天最少不低於5～10組。

注意打標板時，要用身力、整力，並在擊打過程中體會木板的反彈力。根據習武人功夫的增長，木板厚度可逐漸增加，木板越厚顫動越小。

13. 拍打沙包功

將沙包放在方凳上，身體正對方凳，兩手握拳抱於腰際，約距方凳60～70公分，騎馬蹲襠勢站好。

右手變掌，右臂從身體右後方貼身做大轉環，掌心向下，掌背朝上，以掌心拍擊沙包，接著右臂再做貼身大轉環以掌背拍擊沙包，右掌掌心與掌背各拍打沙包一次之後，換左臂以同樣的動作進行練習。

如此反覆練習，以兩手各30～50次為一組，每天練習不低於3～5組。

練習拍擊沙包功時，精神一定要集中。兩臂做貼身大轉環時，要以肩關節作軸，把臂掄開、甩開。不論是掌心或是掌背拍擊沙包都要用力，不要怕疼。拍擊時，全身協調用力，眼睛要始終隨掌擊看著拍擊的地方。

沙包的製作方法：

沙粒要勻，用水洗淨沙中的土質，然後將洗好的沙粒放入鐵鍋中用水（也可以用鹽水）煮約一個小時，再裝入預先縫製好的雙層帆布袋中。布袋大小為1平方尺左右即可，也可以根據習武人的要求增大或減小，或製作成長方形、圓柱形等。

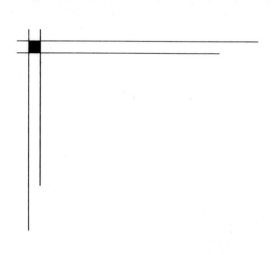

四 擒拿要訣

（一）擒拿中的手法

武術技擊主要包括：踢、打、摔、拿，在驚心動魄的格鬥中，根據時機、位置和對手的不同，分別採用這四種方法。踢、打、摔、拿相互關聯，但不是單一動作的連續重複，而是交替使用。

進攻時，需要一招接一招、一招套一招，一招比一招嚴密、一招比一招犀利；防守時要招招破敵，黏連不離，有章有法，得心應手。因此，造詣精深的武術家，必定能在實戰中得心應手地運用踢、打、摔、拿。

有些習武者非常看重踢、打、摔的練習與運用，而對於拿法卻重視不夠，其實拿法在技擊中是非常重要的，它是技擊近戰中不可缺少的一種技法。

拿法不只是獨立應用的，而是在實施踢、打時也匯集拿法的技巧，特別是在近戰的摔法中，更是摔中有拿、拿中有摔，可以說它對踢、打、摔三種技法起著重要的作用。因此，各門各派拳法都非常重視拿法的練習和拿法在實戰中的應用，梅花樁拳更是如此，它的技擊中的上盤功夫裡包括

刁、拿、鎖、帶、勾、摟、抱、打、崩、挑、劈、砸，拿法就是其重要組成部分。

實用擒拿技術千變萬化，擒拿中手法運用的好壞事關重大，是取得勝利的重要因素之一。

俗話說：「行家一出手，便知有沒有。」通過簡單的一伸手、一投足，行家就能看出你功夫的深淺，練的是哪家拳術功法。

各門各派拳法都非常重視基本功法與基本手法的練習和運用，在梅花樁拳法理論中有許多手與手法的精闢論述，如「得門而入」的理論，它將手與手法在技擊中的重要意義和運用講得極為透徹：「拳之摧人，必近其身，方能跌出，如物之藏室，不得其門而入時，縱有神仙拳，無由升堂直入探而取之。」意思是說：當你用拳進攻敵人時，必須先接近他的身體，才能打倒他、制服他，這就好似一件東西藏在房屋裡面，如果你不想辦法或者沒有辦法進到房子裡面，甚至連房門都沒有找到，即使你有神仙的拳術也沒辦法拿到屋裡的東西。

在擒拿技擊中，我們將兩隻手比做房子的兩扇大門，梅花樁拳術將手這道大門又細分為三層：手尖手腕為外大門，肘部為二道門，膀根是第三層大門，假如只是打開了第一道或是第二道大門，可以說只是剛剛走進院中，沒到屋裡，當然屋裡所藏之物仍然無法取到。如果在擒拿技擊中你刁住、抓住、挑開或撥開的只是對方的手尖手腕或是肘部，沒有控制住他的膀根部，這僅僅是一拳一腳的得與失，並沒有將對方控制住，他仍然有機會、有能力更拳換勢、改變招法和進攻的策略，向你發起新的攻勢。

擒拿搏鬥中只有控制住對方的膀根，也就是必須打開對方的第三道大門，才能隨我變化，使得對方只有招架之功而無還手之力。因此，我們可以得到這樣的結論：只有打開三層門才會穩操勝券。

懂得了「得門而入」的道理，我們再來談談手法。

在技擊中和擒拿時的手法很多，一般人們常用的有「先發制人」和「後發制人」兩種，這都是軍事上的術語。

先發制人是指在敵人意想不到的時機，在他們毫無準備的情況下，集中絕對優勢兵力突然猛烈地發起進攻，達到一舉殲敵的目的。

後發制人是指充分發揮主觀能動性，採取各種積極的手段，奪敵士氣，擾敵軍心，疲敵體力，使其逐漸地疲憊和削弱，然後適時抓住有利戰機，集中兵力將敵消滅。這是一種以逸待勞的戰法。

那麼，運用到武術技擊上，先發制人就是當與對方格鬥時，不等對方出手攻擊就先出手，打對方一個措手不及，出其不意，以我們的氣勢和迅雷不及掩耳的連環招法，制住對方，壓服對方，贏得勝利。

後發制人是指當對方出手向我進攻時，先避其鋒芒，然後再出手還擊的一種策略。後發制人的優點是能夠清楚地觀察對方招法的特點和弱點，摸清其來龍去脈，抓住有利的時機和空隙，準確有力地還擊對方。

在技擊和擒拿時不論是運用「先發制人」還是「後發制人」，都有它的優點和弊端，所以梅花樁拳派在技擊和擒拿時善用「後發先制」的策略。這種策略要求技擊時出手進招是在對方出手進招之後，雖然出手進招晚於對方，可是所發

出去的手猶如雷霆閃電，完成整套攻擊動作卻在對方之前。因而這種策略手法既有「後發制人」的效果，又有「先發制人」的威力，是攻擊擒拿中值得採用發揚的戰術手法。

但是，應該注意，不論是「先發制人」「後發制人」或「後發先制」，決不能忘記一出手就應該想辦法打開對方的第三道大門，控制對方膀根部，黏連不離，任何變化都不讓對方逃出被控制的範圍，否則再好的戰略戰術、再好的手法招法也會落得個竹籃子打水———一場空。

控制對方膀根就能收到「開寸離尺」的效果，即撥開對方膀根部一寸，手梢就會離開或是移動一尺，對方必然會出現防禦中的空隙或漏洞。梅花樁拳術將這種開寸離尺的手法稱為「閃門之法」。

擒拿技術是短兵相接、與敵人進行近身近戰的一門格鬥技術，手法運用的好壞非常重要，它不但要求用技巧招法打開對方的三道大門，而且還要求從拿的勁力上控制住對方的三道大門。

著名武術家韓其昌老師就經常說：「在運用拿法時必須能夠拿住對方的三節，只拿住一節或兩節是拿不住對方的。」有些擒拿技法從表面上看只是拿住了對方的梢節部位（手指或手腕），其實所拿的勁力已通過梢節傳至中節直到根節，這樣仍然能控制住對方的三道大門，使其全身無法轉動。這種勁力的養成是非常難的，它不但要有巧妙的擒拿連環招法，還要有力，最重要的是養成一種武術技術中特有的知覺——「運動知覺」。

「動知者易，運知者難」。擒拿格鬥中，對方稍稍一動，我不但知道，而且能夠相應地做出迅速反應，從動作技

巧上、勁力上都能夠貼上、黏上、隨上、跟上，雖然動作不停地變換，而我的勁力力整不散。只有這樣才能真正做到隨風而進，迎風而化。

在擒拿技術手法上要處理好「巧」和「力」的關係。「巧」和「力」是相輔相成的，缺一不可。顧名思義，「擒」字是手提飛鳥的意思，就是說要用「巧」（技巧、技藝），要在巧中求快，快中求準，準中求狠；「拿」字是合手握攏的意思，就是說要用「力」。

在武術擒拿中，擒拿兩字的含義是很深的，「擒」就是反挫關節，分筋錯骨；「拿」就是掐拿穴位，刁拿鎖扣。俗話說：「百巧奇能，無力不行。」「巧」的有效發揮，大都是通過「力」來表現的，「以巧破千斤，千斤力在後」。擒拿中「只有抓得住，才能拿得住」。要想把對方拿住，就要想辦法先抓住對方。

要抓住對方，第一要靠力量，即有一定的功力和體力；第二要講速度和時機；第三要懂得拿和抓的技法要領和奧妙。雖說「千招百能，無力不成」，但是光有傻力、蠻力、笨力、拙力，靠這些而亂擰亂撅是拿不住敵手的。因此，拿法的精要是巧拙相濟、剛柔結合，既不只逞強力，又不只注意「巧」字。

當然也不能只注意技巧招法，而忽略了力量在拿法中的重要作用。因為如果只懂得擒拿技巧，沒有體力、功力，搏擊中抓時抓不住、托肘托不起、撥時撥不開、拿肘拿不狠，再好的擒拿技術、擒拿手法也是不可能發揮出來的。因此，「巧」和「力」互為整體，同樣重要，缺一不可。

力量是透過基本功、套路以及功法的練習逐漸獲得的。

經過長期的武術練習，身體由表及裡都起了變化，不僅增長了力量，還能做到「三節九段六合如一」，初步達到形、氣、神的統一。這時再學習擒拿術，才能較深刻地領會拿法中巧破千斤的奧妙，掌握借勁、順勁、聽勁、化勁、用勁的規律和原理。

比如梅花樁拳法在論述拿法的理論中有這樣一段話：「見勁使勁借他勁，不可爭力逆進行。」這段話可以說是拿法中的一條基本原則，精闢地闡述了擒拿之中勁力應如何發揮和運用。它要求我們在施展拿法時，要洞察對方的各種招法和勁力變化，並能夠從招法到勁道、方向、動作等方面，迅速地跟上、隨上、貼住對方，並能借助對方的力量，順勁拿住對方，即所謂因敵而變。

正如孫子兵法所言：「兵無常勢，水無常形，能因敵變化而取勝者，謂之神。」這句一向為兵家所稱道的靈活用兵的至理名言，同樣適用於武術的技擊格鬥中，它要求能夠順應對手的變化而動。如果我們在拿的過程中，自己的力量與對方的力量相互頂牛兒在一起、僵在一起，甚至為他所導引、所控制，戰機失盡巧勁全無，只有招架之功，還如何談拿法中的巧字呢？這樣是不可能拿住對方的。

各種拳法都有它自己的擒拿風格、招式和勁道，梅花樁拳法中的擒拿招術更是奧妙無窮，變化多端。比如它的擒拿原理中說：「出手引敵手，伸手不見手，見手必使手。」意謂在與敵手對拿的過程中，猶如與敵手擺迷魂陣，使對方摸不清我的真實意圖，甚至有意無意地按照我的路數而動作，引對方出手使之陷入我為他設的陷阱，為我所執。

有的時候我伸出的手並未與對方肌膚接觸，只是在他面

前虛晃引逗，當對方一出手進攻，我則將手迅速抽撤回來，仍然和對手保持一定的距離、角度和方向，以觀察對手的動靜虛實。有時為了更有效、更直接地引逗對方出手進攻，我們有意地先將手伸出，賣點兒破綻，發出去的手並不避讓，任憑對方來抓、來摸，可是當對方真的上當出手來抓摸時，我又忽然抽了回來，更換招式，出其不意地制住對方。

此種手法變化較多、較快，時抽時出，時左時右，時上時下，時有時無，好似用手與對方捉迷藏，梅花樁拳中稱這樣手法為「出手引手，伸手不見手」。

在出手引逗對方時切記一條，就是當我伸出去的手，如果能夠搆到對方，與對方的手或是身體的任何一個部位接觸時，就決不能猶豫，要迅速進招攻擊對方，決不能再將手撤回來重新出手進招，以免貽誤戰機。

梅花樁將這種貽誤戰機的錯誤動作稱為「另起爐灶」。所以，「見手必使手」是擒拿中必須遵循的原則之一。「出手引敵手，伸手不見手，見手必使手」不僅僅用在拿法中，它在武術技擊踢打摔中也有極其重要的實戰意義。

在擒拿中運用「出手引敵手，伸手不見手，見手必使手」的原則時，還應該注意看清和摸清對方來掌來拳的方向、勁道、位置、虛實、進退及其手型是怎樣的。

例如，拳面朝上還是朝下，拳眼朝上還是朝下；來掌的高低如何，是陽掌還是陰掌，劈掌還是塌掌；腿是蹬還是踢，是點還是踏。再根據這些情景、方向、位置、勁道，以及我與對手的方位關係，進一步決定自己是用抓還是用刁或是用其他手法來對付。當然，這些都是在瞬間做出的反應，是需要長時間練習才能得來的。

刁（反手向外抓擰）和抓（正手向內抓）手型不同，方向不同，刁住和抓住之後在擒拿中所用的擒拿招法也截然不同，但是有一條是相同的，即只有抓住、刁住對方才能拿住對方。刁抓住對方才能決定下一步用什麼招法還擊。所以，一些著名武術家常說：「只有抓得住，才能拿得住。」

懂得了拿法中手法的運用原則，知道了「力」和「巧」的關係還不夠。因為僅僅依靠手的力量還是無法完全拿住對手的，還需要有身法和步法的和諧配合。老一輩武術家說：「上步需要先上身，腳手齊到才為真。」「腳去手不去，必是偷來藝。」這些話足以證明他們對身法和步法是何等重視！一動則全身俱動，用的是整力、全身之力，而不是局部之力。靠一隻手、一隻腳，不懂得用整力、用身力，是難以拿住敵人的。

在擒拿的過程中，要想做到運用出全身之力和整體之力，步法是首要的，沒有步法就談不到身法，沒有身法就不可能產生整力和身力，這就要講究手、腿、步諸法的完美統一。梅花樁擒拿理論中，講究「三拉三閃，三追三趕」，其精義是指在擒拿過程中，將身法和步法配合好。手快不如變身快，變身不如步法快。拿法的招數技巧與身法步法配合好，才能隨屈就伸，神出鬼沒，才能更快更猛，變化自如。

但更重要的是在擒拿過程中，我的勁道、勁力，能夠隨上、趕上、黏上、貼上。敵方不論是前伸、後撤、左撥、右轉、上抬、下壓，我所拿的力量都能夠隨之變化，仍然做到勁力不減不散，始終將對方控制住。

擒拿中的每一技法，都應當依據對方招法和勁力的變化而變化，每一擒拿技術的實施都必須酌情使用，而不是不管

搏鬥中的具體情況死拿硬要，那樣不但拿不出好的擒拿效果，反而會造成被人制的被動局面。

要想在擒拿中將所學的招法、手法運用自如，第一，一定要勤學苦練，要有過硬的基本功。「功夫」就是時間加勤奮，只有反覆地練，不間斷地練，認真仔細地揣摩，才能正確地掌握擒拿技術，才能正確體會擒拿中勁力的變化，才能在擒拿中不誤時機地使用擒拿中的手法，才能拿出一個真正的「巧」字來。

第二，要真打實做。在熟練掌握擒拿技法之後，要經常與人練習，進行實戰。梅花樁拳派中老前輩們經常講：「不會挨打，就不會打人。」在練習擒拿時也一樣，只想拿別人，光想贏對方，不親自嘗一嘗被人拿住是什麼滋味，就不可能知道拿住對方是什麼勁道，用什麼手法更合適。由挨打、挨摔、挨拿，就能更好地體會如何拿別人。這樣，從實戰中不僅能練動手與手法的快速反應能力和應變能力，還能培養出敢打、敢進、敢拿、敢拼的果敢精神。更重要的是由久戰的磨鍊，養成「運動知覺」，取得熟能生巧的效果。

練習一定要有恆心毅力，做到「拳不離手，曲不離口」。梅花樁拳論說：「學藝容易練藝難，練藝容易守藝難，守藝容易懂藝難。」守藝就是鍛鍊，終身不懈地鍛鍊；懂藝就是明其精髓，知其真諦，善其應用，真正練到藝上身，達到運用自如的程度，即不論是拳法、腿法、摔法和拿法都達到爛熟於心的造化意境。梅花樁前輩老師們常常這樣說：「要練到拳無拳，意無意，無意之中是真藝。」這才能說習武者已達到藝上身的程度了。

有不少習武者，一輩子練拳，能說，能練，姿勢也優

美，可是在實戰比武中卻發揮不出來。究其原因：

第一，練藝不精，所學的招法華而不實，不夠精深巧妙，沒有實戰價值。

第二，只注意學套路，不注意養練功夫。常言道：「練武不練功，到老一場空。」沒有功夫，所學的套路再多，招法再妙，也只是一個空架子。

第三，只注意練功，不注意實戰，缺乏應變能力。

我們所學的招法，套路都是為了實戰，所以當熟練地掌握了套路和招法之後，就應當不斷地在實踐中體會和驗證，這樣才能真正將所學的招法融化在身上，按照「拳無拳，意無意，無意之中是真藝」的說法，拳來腳去、刀劈槍扎之時，能夠形成下意識的反應，不加思索地百拿百破，克敵制勝，揮灑自如。只有這樣，才能在驚心動魄的格鬥中，在瞬息萬變的擒拿中，用好我們所學的手法和招法。

（二）擒拿中眼法的妙用

在驚心動魄的擒拿格鬥中，眼睛的作用十分重要。不少武術門派都非常重視眼睛的培養與眼法的訓練，認為：「心為元帥，眼為先行，耳為偵探，腳似戰馬，手似刀槍」，「破敵全憑一雙眼」，「眼觀六路，耳聽八方」等等。

擒拿中要運用眼法來體現戰略戰術，做到威懾敵人，迷惑敵人，快速捕捉戰機，克敵制勝。傳統武術理論中有「神」「色」「聲」「氣」四字要領。「神」指的是眼神，是神態表情，實際是內心世界的外現。「聲」即是聲音。「氣」說的是氣質。防衛格鬥時，用一雙銳利的眼睛，使對方從心理上受到威懾，產生一種畏懼、膽怯的心理，這時的

一雙眼睛有「震敵」之威。

擒拿格鬥中眼睛是第一個審視對方的感覺器官，透過眼睛的「觀察」能夠洞察對方的微妙變化，首先在「情報」和心理上獲得優勢。如果兩眼觀察的能力差，看不出對方技術動作與心理上的微小變化，或是雖能看出，卻不及時，總是比人家慢半拍，甚至出現觀察判斷上的錯誤，這樣的防衛必然會出現失誤。所以說，觀敵是搏擊中眼睛的第一功能。在快速的運動變換中，能夠迅速做出相應的反應和動作是很不容易的。平時不注意眼功的鍛鍊，沒有很好的眼功，快速的反應和應變能力就不可能養成。

除了在平時練好眼功，在擒拿搏擊時還要懂得眼法的運用。眼睛的細小變化和神態上的細小變化，往往會收到意想不到的效果。有人將眼睛稱為「感情的門窗」，說明很多複雜細膩的情感都是由眼神表現出來的。

在擒拿搏擊中也往往因眼神的微小變化使對方造成錯覺，得到誘惑、迷惑或麻痺敵人的作用，達到我們進攻或是防守的目的，這就是防衛搏擊中所運用的眼法。

常用的眼法有「看上打下」「看東打西」「看上擊下」「看左擊右」等等。

眼法運用得好，虛虛實實地運用，就能有效地麻痺、誘惑、迷惑敵人，從而贏得時間，抓住戰機，使對方出現空隙、漏洞，我則可乘虛而入，取得勝利。

擒拿搏擊中離不開眼睛和眼法，眼睛和眼法是取得防衛勝利的重要因素之一。但是，眼功的練習、眼法的練習與養成是比較難的，所以我們在練習自衛防衛技術的開始就應該特別注意眼睛的鍛鍊和眼法的練習。

四　擒拿要訣

練習眼法的方法很多，比如，「定視練習法」「餘光練習法」「感應練習法」和「綜合練習法」等等。最好的練習方法是與平時防衛技術動作招法相結合，使每個細小動作都隨上眼神，步到身到，眼到手到。不論是進攻還是防守，都做到腳隨手出、步隨身換、神形相隨，經過一段較長時間有意識的眼法練習，必會收到較好的效果。

（三）搏擊中的心理戰

人的一切活動都是在心理活動支配下進行的，防衛心理素質的好與壞，決定防衛技能的發揮，直接影響緊急情況下防衛策略的確立和實施。

遇到犯罪分子，首先要沉著鎮定、機智果斷地應變，然後再根據場景環境、勢態變化及犯罪分子自身的情況採取靈活多變的策略。

在與犯罪分子搏鬥時，必須注意犯罪分子的心理變化。犯罪分子在作案時普遍具有惶恐不安的心理，聽到一點聲響便如驚弓之鳥，所以，我們在實施防衛時要牢牢抓住罪犯的心理弱點，對方越心慌意亂，我們越要鎮定，要利用高聲呼叫、佯叫來人和拖延時間等手段，對犯罪分子施加心理壓力，以尋找最佳的擒敵戰機。

同時還應迅速弄清罪犯心理變化的臨界點。什麼叫臨界點呢？概而言之是由一種狀態轉變為另一種狀態的那個「點」，推而論之，犯罪心理的臨界點可以理解為由一個犯罪動機轉變為實施犯罪行動的分界線。因此，我們要儘可能在其達到臨界點之前採取必要的手段。

對於罪犯的心理臨界點，一般可以由觀察罪犯的神態、

舉止行為、語言口氣等方面來判斷，如罪犯神態呈現猶豫不安、神態恐慌、左顧右盼，又遲遲不見攻擊動作，或是攻擊動作遲鈍、無力，這說明罪犯內心矛盾重重，底氣不足，此時犯罪動機雖已暴露、犯罪事實雖已成立，但罪犯心理尚未達到臨界點，尚未達到完全失去理智的程度，其行為尚處於量變階段，還沒有突破「度」的制約，心理上尚有部分理智和抑制的因素存在。

這時要立即採取用各種手段和策略遏制其行為動機，使其犯罪終止或將其制服。除此以外，靈活的策略也是非常重要的，要隨態勢、場景和犯罪分子自身的變化而變化制敵策略。《孫子兵法·計篇》中說：「強而避之」，對於強大凶猛的敵人要暫時避開他，避其銳氣，尋找機會再打擊敵人。這裡的避，並不是避而不打，而是避免不必要的無謂犧牲和受挫，避其銳氣常常表現為以退求進，誘敵深入，待機採取突然迅猛的行動制服犯罪分子。

因此，在與犯罪分子鬥爭中，具備良好的心理素質，掌握控制犯罪分子的臨界點，運用靈活機動的戰略戰術是非常重要的。

（四）「三尖相照」與「三尖齊到」

武術中的練形，不外是動靜之分，動時氣擎不散，靜時如山岳難搖，這樣在驚心動魄的擊打格鬥中才能來去無失。一些人在技擊中左斜右晃，腳底無根，原因當然很多，其中不懂得「三尖相照」和「三尖齊到」，練功之時不注意三尖之間的關係，恐怕是一條非常重要的原因。

那麼什麼是「三尖相照」呢？三尖即指習武之人的鼻

尖、手尖和腳尖。比如我們練習梅花樁拳中的拗勢（又名十字勢），這時左腳和右手在前，右手就正對（照）左腳的腳尖，鼻尖正對右手，鼻與右手、左腳，上、中、下成為一線，不歪不斜，這種三尖相對就是「三尖相照」，也是各門各派習武者練功中研究、注意的內容。

三尖相照就不會東斜西歪、左右搖擺，此時，身正、步穩、重心垂直穩定。靜止的動作如此，運動中的各種動作招式也必須三尖相照，不然就會因動作不協調而失去身體的平衡穩定。但是，動作中的各種動作招式僅僅做到三尖相照是不夠的，還應該加上一句「三尖齊到」。

這是因為人的身體是一個整體，分為上、中、下三節：手至肩為上節，頭至臀為中節，胯至足為下節。三節中又細分為九段：上節中的手腕為上節之梢段，肘為上節之中段，肩為上節之根段；頭至主心骨為中節之上段，主心骨至臍為中節之中段，臍至兩臀為中節之下段；胯為下節之上段，兩膝為下節之中段，兩腳腕為下節之下段，這就是習武者常講的「三節九段」。

人體在肌肉、骨骼和神經的作用下運動，運動中一尖不到，就談不到三尖相照，三尖不照就不能穩定重心的平衡。所以一尖不到動作就會互相牽扯，動作必然遲緩，擊出去的拳式，踢出去的腿，自然不會有力量。技擊之中往往由於三尖沒有齊到，失去戰機，或使對方有機可乘。梅花樁拳理中講的「進步需要先上身，腳手齊到才為真」「腳去手不去，必是偷來藝」和「腳到手不到，等於瞎胡鬧」等等，強調的都是「三尖相照」「三尖齊到」的重要性。

大展出版社有限公司
品冠文化出版社

圖書目錄

地址：台北市北投區(石牌)　　　電話：(02) 28236031
　　　致遠一路二段 12 巷 1 號　　　　　28236033
郵撥：01669551＜大展＞　　　　　　　28233123
　　　19346241＜品冠＞　　　　傳真：(02) 28272069

・熱 門 新 知・品冠編號 67

1.	圖解基因與 DNA	（精）	中原英臣主編	230 元
2.	圖解人體的神奇	（精）	米山公啟主編	230 元
3.	圖解腦與心的構造	（精）	永田和哉主編	230 元
4.	圖解科學的神奇	（精）	鳥海光弘主編	230 元
5.	圖解數學的神奇	（精）	柳 谷 晃著	250 元
6.	圖解基因操作	（精）	海老原充主編	230 元
7.	圖解後基因組	（精）	才園哲人著	230 元
8.	圖解再生醫療的構造與未來		才園哲人著	230 元
9.	圖解保護身體的免疫構造		才園哲人著	230 元
10.	90 分鐘了解尖端技術的結構		志村幸雄著	280 元

・名 人 選 輯・品冠編號 671

1.	佛洛伊德	傅陽主編	200 元
2.	莎士比亞	傅陽主編	200 元
3.	蘇格拉底	傅陽主編	200 元
4.	盧梭	傅陽主編	200 元

・圍 棋 輕 鬆 學・品冠編號 68

1.	圍棋六日通	李曉佳編著	160 元
2.	布局的對策	吳玉林等編著	250 元
3.	定石的運用	吳玉林等編著	280 元
4.	死活的要點	吳玉林等編著	250 元

・象 棋 輕 鬆 學・品冠編號 69

1.	象棋開局精要	方長勤審校	280 元
2.	象棋中局薈萃	言穆江著	280 元

・生 活 廣 場・品冠編號 61

1.	366 天誕生星	李芳黛譯	280 元

・女醫師系列・ 品冠編號 62

・傳統民俗療法・ 品冠編號 63

14. 神奇新穴療法　　　　　　　吳德華編著　200元
15. 神奇小針刀療法　　　　　　韋丹主編　200元

・常見病藥膳調養叢書・ 品冠編號631

1. 脂肪肝四季飲食　　　　　　蕭守貴著　200元
2. 高血壓四季飲食　　　　　　秦玖剛著　200元
3. 慢性腎炎四季飲食　　　　　魏從強著　200元
4. 高脂血症四季飲食　　　　　　薛輝著　200元
5. 慢性胃炎四季飲食　　　　　馬秉祥著　200元
6. 糖尿病四季飲食　　　　　　王耀獻著　200元
7. 癌症四季飲食　　　　　　　　李忠著　200元
8. 痛風四季飲食　　　　　　　魯焰主編　200元
9. 肝炎四季飲食　　　　　　　王虹等著　200元
10. 肥胖症四季飲食　　　　　　李偉等著　200元
11. 膽囊炎、膽石症四季飲食　　謝春娥著　200元

・彩色圖解保健・ 品冠編號64

1. 瘦身　　　　　　　　　　主婦之友社　300元
2. 腰痛　　　　　　　　　　主婦之友社　300元
3. 肩膀痠痛　　　　　　　　主婦之友社　300元
4. 腰、膝、腳的疼痛　　　　主婦之友社　300元
5. 壓力、精神疲勞　　　　　主婦之友社　300元
6. 眼睛疲勞、視力減退　　　主婦之友社　300元

・休閒保健叢書・ 品冠編號641

1. 瘦身保健按摩術　　　　　　聞慶漢主編　200元
2. 顏面美容保健按摩術　　　　聞慶漢主編　200元
3. 足部保健按摩術　　　　　　聞慶漢主編　200元
4. 養生保健按摩術　　　　　　聞慶漢主編　280元

・心 想 事 成・ 品冠編號65

1. 魔法愛情點心　　　　　　　結城莫拉著　120元
2. 可愛手工飾品　　　　　　　結城莫拉著　120元
3. 可愛打扮 & 髮型　　　　　　結城莫拉著　120元
4. 撲克牌算命　　　　　　　　結城莫拉著　120元

・少 年 偵 探・ 品冠編號66

1. 怪盜二十面相　　　（精）江戶川亂步著　特價 189元
2. 少年偵探團　　　　（精）江戶川亂步著　特價 189元

·武 術 特 輯· 大展編號 10

·彩色圖解太極武術· 大展編號 102

14. 精簡陳式太極拳8式、16式	黃康輝編著	220元
15. 精簡吳式太極拳<36式拳架・推手>	柳恩久主編	220元
16. 夕陽美功夫扇	李德印著	220元
17. 綜合48式太極拳＋VCD	竺玉明編著	350元
18. 32式太極拳（四段）	宗維潔演示	220元
19. 楊氏37式太極拳＋VCD	趙幼斌著	350元
20. 楊氏51式太極劍＋VCD	趙幼斌著	350元

・國際武術競賽套路・大展編號103

1. 長拳	李巧玲執筆	220元
2. 劍術	程慧琨執筆	220元
3. 刀術	劉同為執筆	220元
4. 槍術	張躍寧執筆	220元
5. 棍術	殷玉柱執筆	220元

・簡化太極拳・大展編號104

1. 陳式太極拳十三式	陳正雷編著	200元
2. 楊式太極拳十三式	楊振鐸編著	200元
3. 吳式太極拳十三式	李秉慈編著	200元
4. 武式太極拳十三式	喬松茂編著	200元
5. 孫式太極拳十三式	孫劍雲編著	200元
6. 趙堡太極拳十三式	王海洲編著	200元

・導引養生功・大展編號105

1. 疏筋壯骨功＋VCD	張廣德著	350元
2. 導引保建功＋VCD	張廣德著	350元
3. 頤身九段錦＋VCD	張廣德著	350元
4. 九九還童功＋VCD	張廣德著	350元
5. 舒心平血功＋VCD	張廣德著	350元
6. 益氣養肺功＋VCD	張廣德著	350元
7. 養生太極扇＋VCD	張廣德著	350元
8. 養生太極棒＋VCD	張廣德著	350元
9. 導引養生形體詩韻＋VCD	張廣德著	350元
10. 四十九式經絡動功＋VCD	張廣德著	350元

・中國當代太極拳名家名著・大展編號106

1. 李德印太極拳規範教程	李德印著	550元
2. 王培生吳式太極拳詮真	王培生著	500元
3. 喬松茂武式太極拳詮真	喬松茂著	450元
4. 孫劍雲孫式太極拳詮真	孫劍雲著	350元

5.	王海洲趙堡太極拳詮真	王海洲著	500 元
6.	鄭琛太極拳道詮真	鄭琛著	450 元
7.	沈壽太極拳文集	沈壽著	630 元

・古代健身功法・ 大展編號 107

1.	練功十八法	蕭凌編著	200 元
2.	十段錦運動	劉時榮編著	180 元
3.	二十八式長壽健身操	劉時榮著	180 元
4.	三十二式太極雙扇	劉時榮著	160 元
5.	龍形九勢健身法	武世俊著	180 元

・太極跤・ 大展編號 108

1.	太極防身術	郭慎著	300 元
2.	擒拿術	郭慎著	280 元
3.	中國式摔角	郭慎著	350 元

・原地太極拳系列・ 大展編號 11

1.	原地綜合太極拳 24 式	胡啟賢創編	220 元
2.	原地活步太極拳 42 式	胡啟賢創編	200 元
3.	原地簡化太極拳 24 式	胡啟賢創編	200 元
4.	原地太極拳 12 式	胡啟賢創編	200 元
5.	原地青少年太極拳 22 式	胡啟賢創編	220 元
6.	原地兒童太極拳 10 捶 16 式	胡啟賢創編	180 元

・名師出高徒・ 大展編號 111

1.	武術基本功與基本動作	劉玉萍編著	200 元
2.	長拳入門與精進	吳彬等著	220 元
3.	劍術刀術入門與精進	楊柏龍等著	220 元
4.	棍術、槍術入門與精進	邱丕相編著	220 元
5.	南拳入門與精進	朱瑞琪編著	220 元
6.	散手入門與精進	張山等著	220 元
7.	太極拳入門與精進	李德印編著	280 元
8.	太極推手入門與精進	田金龍編著	220 元

・實用武術技擊・ 大展編號 112

1.	實用自衛拳法	溫佐惠著	250 元
2.	搏擊術精選	陳清山等著	220 元
3.	秘傳防身絕技	程崑彬著	230 元
4.	振藩截拳道入門	陳琦平著	220 元

5.	實用擒拿法	韓建中著	220元
6.	擒拿反擒拿88法	韓建中著	250元
7.	武當秘門技擊術入門篇	高翔著	250元
8.	武當秘門技擊術絕技篇	高翔著	250元
9.	太極拳實用技擊法	武世俊著	220元
10.	奪凶器基本技法	韓建中著	220元
11.	峨眉拳實用技擊法	吳信良著	300元
12.	武當拳法實用制敵術	賀春林主編	300元
13.	詠春拳速成搏擊術訓練	魏峰編著	280元
14.	詠春拳高級格鬥訓練	魏峰編著	280元
15.	心意六合拳發力與技擊	王安寶編著	220元

·中國武術規定套路· 大展編號113

1.	螳螂拳	中國武術系列	300元
2.	劈掛拳	規定套路編寫組	300元
3.	八極拳	國家體育總局	250元
4.	木蘭拳	國家體育總局	230元

·中華傳統武術· 大展編號114

1.	中華古今兵械圖考	裴錫榮主編	280元
2.	武當劍	陳湘陵編著	200元
3.	梁派八卦掌（老八掌）	李子鳴遺著	220元
4.	少林72藝與武當36功	裴錫榮主編	230元
5.	三十六把擒拿	佐藤金兵衛主編	200元
6.	武當太極拳與盤手20法	裴錫榮主編	220元
7.	錦八手拳學	楊永著	280元
8.	自然門功夫精義	陳懷信編著	500元
9.	八極拳珍傳	王世泉著	330元
10.	通臂二十四勢	郭瑞祥主編	280元
11.	六路真跡武當劍藝	王恩盛著	230元

·少 林 功 夫· 大展編號115

1.	少林打擂秘訣	德虔、素法編著	300元
2.	少林三大名拳 炮拳、大洪拳、六合拳	門惠豐等著	200元
3.	少林三絕 氣功、點穴、擒拿	德虔編著	300元
4.	少林怪兵器秘傳	素法等著	250元
5.	少林護身暗器秘傳	素法等著	220元
6.	少林金剛硬氣功	楊維編著	250元
7.	少林棍法大全	德虔、素法編著	250元
8.	少林看家拳	德虔、素法編著	250元
9.	少林正宗七十二藝	德虔、素法編著	280元

10. 少林瘋魔棍闡宗	馬德著	250 元
11. 少林正宗太祖拳法	高翔著	280 元
12. 少林拳技擊入門	劉世君編著	220 元
13. 少林十路鎮山拳	吳景川主編	300 元
14. 少林氣功祕集	釋德虔編著	220 元
15. 少林十大武藝	吳景川主編	450 元
16. 少林飛龍拳	劉世君著	200 元
17. 少林武術理論	徐勤燕等著	200 元
18. 少林武術基本功	徐勤燕編著	200 元

・迷蹤拳系列・ 大展編號 116

1. 迷蹤拳（一）+VCD	李玉川編著	350 元
2. 迷蹤拳（二）+VCD	李玉川編著	350 元
3. 迷蹤拳（三）	李玉川編著	250 元
4. 迷蹤拳（四）+VCD	李玉川編著	580 元
5. 迷蹤拳（五）	李玉川編著	250 元
6. 迷蹤拳（六）	李玉川編著	300 元
7. 迷蹤拳（七）	李玉川編著	300 元
8. 迷蹤拳（八）	李玉川編著	300 元

・截拳道入門・ 大展編號 117

1. 截拳道手擊技法	舒建臣編著	230 元
2. 截拳道腳踢技法	舒建臣編著	230 元
3. 截拳道擒跌技法	舒建臣編著	230 元
4. 截拳道攻防技法	舒建臣編著	230 元
5. 截拳道連環技法	舒建臣編著	230 元
6. 截拳道功夫匯宗	舒建臣編著	230 元

・少林傳統功夫 漢英對照系列・ 大展編號 118

1. 七星螳螂拳－白猿獻書	耿軍著	180 元
2. 七星螳螂拳－白猿孝母	耿軍著	180 元

・道 學 文 化・ 大展編號 12

1. 道在養生：道教長壽術	郝勤等著	250 元
2. 龍虎丹道：道教內丹術	郝勤著	300 元
3. 天上人間：道教神仙譜系	黃德海著	250 元
4. 步罡踏斗：道教祭禮儀典	張澤洪著	250 元
5. 道醫窺秘：道教醫學康復術	王慶餘等著	250 元
6. 勸善成仙：道教生命倫理	李剛著	250 元
7. 洞天福地：道教宮觀勝境	沙銘壽著	250 元

・趣味心理講座・大展編號 15

・婦 幼 天 地・大展編號 16

・青 春 天 地・ 大展編號 17

·健 康 天 地· 大展編號 18

·校 園 系 列· 大展編號 20

1.	讀書集中術	多湖輝著	180 元
2.	應考的訣竅	多湖輝著	150 元
3.	輕鬆讀書贏得聯考	多湖輝著	180 元
4.	讀書記憶秘訣	多湖輝著	180 元
5.	視力恢復！超速讀術	江錦雲譯	180 元
6.	讀書 36 計	黃柏松編著	180 元
7.	驚人的速讀術	鐘文訓編著	170 元
8.	學生課業輔導良方	多湖輝著	180 元
9.	超速讀超記憶法	廖松濤編著	180 元
10.	速算解題技巧	宋釗宜編著	200 元
11.	看圖學英文	陳炳崑編著	200 元
12.	讓孩子最喜歡數學	沈永嘉譯	180 元
13.	催眠記憶術	林碧清譯	180 元
14.	催眠速讀術	林碧清譯	180 元
15.	數學式思考學習法	劉淑錦譯	200 元
16.	考試憑要領	劉孝暉著	180 元
17.	事半功倍讀書法	王毅希著	200 元
18.	超金榜題名術	陳蒼杰譯	200 元
19.	靈活記憶術	林耀慶編著	180 元
20.	數學增強要領	江修楨編著	180 元
21.	使頭腦靈活的數學	逢澤明著	200 元
22.	難解數學破題	宋釗宜著	200 元

·實用心理學講座· 大展編號 21

1.	拆穿欺騙伎倆	多湖輝著	140 元
2.	創造好構想	多湖輝著	140 元
3.	面對面心理術	多湖輝著	160 元
4.	偽裝心理術	多湖輝著	140 元
5.	透視人性弱點	多湖輝著	180 元
6.	自我表現術	多湖輝著	180 元
7.	不可思議的人性心理	多湖輝著	180 元
8.	催眠術入門	多湖輝著	180 元
9.	責罵部屬的藝術	多湖輝著	150 元
10.	精神力	多湖輝著	150 元
11.	厚黑說服術	多湖輝著	150 元
12.	集中力	多湖輝著	150 元
13.	構想力	多湖輝著	150 元
14.	深層心理術	多湖輝著	160 元
15.	深層語言術	多湖輝著	160 元
16.	深層說服術	多湖輝著	180 元
17.	掌握潛在心理	多湖輝著	160 元

國家圖書館出版品預行編目資料

實用擒拿法／韓建中著
－初版－臺北市，大展，2003 [民 92]
206 面；21 公分－（實用武術技擊；5）
ISBN 978-957-468-179-2（平裝）

1.擒拿術

528.977   91020419

實用擒拿法

ISBN-13:978-957-468-179-2
ISBN-10:957-468-179-3

編 著 者／韓　建　中
責任編輯／宛　　平
發 行 人／蔡　森　明
出 版 者／大展出版社有限公司
社　　　址／台北市北投區（石牌）致遠一路 2 段 12 巷 1 號
電　　　話／(02) 28236031・28236033・28233123
傳　　　真／(02) 28272069
郵政劃撥／01669551
網　　　址／www.dah-jaan.com.tw
E-mail／service@dah-jaan.com.tw
登 記 證／局版臺業字第 2171 號
承 印 者／國順文具印刷行
裝　　訂／建鑫印刷裝訂有限公司
排 版 者／弘益電腦排版有限公司
授 權 者／北京人民體育出版社
初版 1 刷／2003 年（民 92 年） 1 月
初版 2 刷／2007 年（民 96 年） 2 月

定價／220 元